하승창의 넥스트 플랜
도시의 삶을 바꾸는 11가지 도전

하승창

더 나은 세상을 만들겠다며 1980년대 노동운동과 민중운동, 1990년대 시민운동, 그리고
2000년대 디지털화되어가는 세상에서 시민운동을 넘어서는 새로운 사회운동을 모색해왔다.
2010년대에 들어서는 박원순 서울시장 선거캠프를 총괄 기획했으며 서울시 정무부시장,
문재인정부의 청와대 사회혁신수석비서관으로 한 도시 및 국가의 사회혁신을 시도했다.

이 과정에서 우리 사회에 사회적 경제, 청년, 사회적 가치, 플랫폼 정부라는 어젠다를 던졌다.
금융실명제, 정보공개제도, 토지공개념과 같은 구체적 대안을 의회와 정부를 통해 실현했고
예산낭비감시운동, 개인정보보호운동 등 새로운 시대적 의제에 대해 도전했다. 또 협동조합과
사회적 기업, 청년조직과 시민단체들이 사회적 문제를 함께 해결할 수 있는 개방형 포럼들을
다수 기획했다. 연결과 협력을 통해 얻은 사회혁신의 도전과 각종 분쟁·갈등 조정 경험을
기반으로 서울시 정책박람회, 문재인정부의 광화문1번가 등을 설계하며 정책 결정 과정에서의
시민참여 프로그램을 조직했다.

그동안 도시에 사는 사람들이 삶의 공간에서 어떤 문제로 고통받고 있는지, 해결의 과정이
얼마나 구체적이어야 하는지를 확인했다. 새로운 사회적 의제들에 도전하는 시민사회와
행정의 협력을 이끄는 것은 정부의 일하는 방식과 패러다임의 변화이다. 이 시대적 변화를
이끌 소명의식을 가지고 기꺼이 주어진 길을 걸어가고 있다.

이 책은 지난 2018년부터 1년 동안 머물렀던 독일 베를린과
그곳에서 갖게 된 나의 새로운 꿈에 관한 이야기다.

문재인 정부 출범과 함께 시작된 청와대 사회혁신수석비서관 생활을 마치고 나는 독일 베를린으로 향했다. 재충전의 시간, 처음부터 뚜렷한 목적이 있었던 건 아니다. 사실 이러저러한 이유로 미국에 갈까 싶었는데 지인이 소위 '힙한 도시', '유럽 속 실리콘밸리'로 떠오르는 베를린을 권했다. 마침 독일 정부가 추진하는 '인더스트리 4.0'이 궁금했던 터, 8개월여를 지내며 관련자료를 살펴볼 기회를 가졌다.

인더스트리 4.0이 독일의 4차 산업혁명에 대한 전략이라는 것은 알고 있었지만 그리 단순한 것은 아니었다. 하이테크 전략이라는 독일의 국가 발전 전략의 일부였다. 그중에 인더스트리 4.0은 디지털로 인한 변화에 대응하는 독일의 제조업의 디지털화 전략에 관한 것이었다. 독일의 하이테크 전략은 독일 사회가 부딪히는 새로운 문제들을 해결하고 독일 경제와 사회의 경쟁력을 확보하기 위한 국가 발전 전략이었다. 독일이 이미 10여 년 전부터 4차 산업혁명 시대의 변화를 준비가 아닌 현실화했다는 것에 나는 놀랐다. 동시에 우리가 보낸 동시대의 시간을 떠올릴 수밖에 없었다.

9년간 켜켜이 쌓인 이명박·박근혜 정부의 적폐는 저력 있는 한 국가의 발전을 퇴행시켰고 결국 '이게 나라냐'는 국민들의 분노로 표출된 애국심은 새로운 나라의 시작을 예고하는 촛불 혁명으로 이어졌다. 그렇게 온 국민의 간절한 염원과 열망을 담아 출범한 정부이건만 문재인 정부는 임기 절반을 넘긴 지금까지도 새로운 시대적 과제들에 성과를 제대로 내고 있지 못하다는 지적은 아프다.

당장 해야 할 긴급한 과제들이 있는데도 묵은 숙제를 해야만 하는 이 답답한 상황은 현재진행형이다. 특히 모두가 마음 급하게 생각하는 것 중의 하나가 4차 산업혁명 시대 디지털화가 가져오는 새로운 문제들에 대한 대응이다. 국회가 국민이 아닌 제 밥그릇 챙기기에 혈안이 되어 있는

이들로 마비되어버린 사이 4차 산업혁명 시대 디지털화가 가져오는 새로운
문제들, 인공지능, 로봇, 공유경제, 기후변화가 가져온 새로운 성격의
재난들, 고령화와 저출산, 1인 가구 증가 등 인구 구조 변화에 따른 문제는
코앞에 닥쳐 우리의 새로운 대응과 도전을 재촉하고 있다. 디지털 산업
생태계 속에서 보존과 개발 사이에 선 도시의 가치를 생각하며 사람들의
다양한 가치와 문화가 공존하는 베를린. 그곳에서 나는 우리가 시도하고
있는 사회혁신의 방향이 틀리지 않았음을 확신했다. 다시 서울을 생각했고
앞으로 내 나라와 이웃을 위해 무엇을 할 수 있는지 끊임없이 자문했다.

어느 시대든 세상은 끊임없이 변화하며 인류는 크고 작은 실패와 성공의
경험을 축적해 나간다. 국민들이 도전정신과 문제 해결 역량을 무기로
자신의 삶 속에서 시대적 변화를 능동적으로 맞이할 수 있는 기반을 만드는
건 결국 정치의 몫이다. 조직보다 연결이 중요한 시대, 플랫폼을 지향하는
정당과 정부에서 전통적인 조직 보다 점차 '연결'이 중요한 화두가 되는
이유다. 나를 중심으로 모으기 보다 함께 만들어 가는 능력이 중요한
시대에 서로 다른 세력 간의 연합을 만들어 본 경험은 중요하다. 나랏일을
하는 사람에겐 더욱 그렇다.

지금처럼 이분법적 대립구도를 유지하려는 정치세력이 모든 논의에
반대만 하는 이런 상황에서는 이런 복잡한 문제를 풀어가기 어렵다. 이런
변화에 익숙한 사람, 가능하게 하는 의회의 시스템과 정치가 있어야 한다는
공감대가 넓다고 생각한다. 나는 20대부터 지금까지 대부분의 시간을
사회정치적 의제를 만들고 참여를 이끌어내는 일에 몸담아왔다. 1980년대
민주화라는 시대적 과제 속에서 억압받는 노동자들의 조직을 도왔던
노동운동과 민중운동, 1990년대 냉전체제 해체라는 세계사적 변화와 함께
우리의 삶을 바꿔나가는 정책을 만들고 제안하며 실현해 나갔던 시민운동,
그리고 2000년대 디지털화되어 가는 세상에서 예산낭비 감시운동과
개인 정보보호운동 등 새로운 의제들을 만들어냈다. 특히 시대의 변화에

대응하지 못하는 이명박 박근혜 정부의 적폐를 보며 시민운동을 넘어서는 새로운 사회운동을 모색하며 사회에 사회적 경제, 청년, 사회적 가치라는 어젠다를 던졌다. 이러한 경험은 박원순 서울시장 선거캠프 총괄기획단장, 서울시 부시장, 청와대 사회혁신수석으로서 한 도시 및 국가의 사회혁신을 시도해볼 수 있는 기회로 이어졌다. 고맙게도 지난 시간을 통해 나는 도시에 사는 사람들이 구체적 삶의 공간에서 어떤 문제로 고통받고 있는지 확인하고 해결의 과정이 얼마나 구체적이어야 하는지 새삼 알게 되었다. 새로운 사회적 의제들에 도전하는 시민사회와 행정의 협력을 이끄는 것은 레토릭에 그치는 민관협력이 아니라 정부의 일하는 방식의 변화, 패러다임의 변화라는 것을 확신할 수 있었다.

그런데, 베를린에서 본 것은 그들은 이미 그렇게 하고 있었다는 것이다. '다른 생각'과 '가치'로 말하는 것 모두를 좌파니 빨갱이니 하며 새로운 시도와 변화를 독재와 장기집권 음모 정도로 취급하는 논의의 수준으로는 우리를 감싸고 있는 과거에 겪어보지 못했던 변화에 대응하기 어렵다. 우리 아이들의 장래가 이렇게 불안하고, 현재의 상태는 모두가 불만인데, 정치가 이렇게 불통이라면 우리의 다음 세대가 자신들의 미래에 어떤 기대를 가질 수 있겠는가? 청년학교의 담임을 하며 보았던 우리 청년들은 우리 사회가 필요로 하는 도전과제들에 대해 기지에 넘치고 창의적이고 열정적이었다. 그들에게 도전할 '기회'조차 주어지지 않는 지금의 상태를 도전할 기회가 주어지는 사회와 공간으로 만들어야 우리에게 미래가 있지 않겠는가? 문재인 정부의 성공은 한 정당이나 정파의 성공이 아니라 변화하는 시대적 요구에 우리나라가 성공적으로 대응하는 것을 의미한다. 나는 우리 삶의 변화를 위해 문재인정부의 성공을 이루는 데 최선을 다하려 한다. 또한 아직 본격적으로 논의하지 못한 사회적 난제들을 해결하기 위한 정책과 입법활동을 통해 우리 사회가 더 나은 삶을 살 수 있는 사회가 되는 데 한 걸음 더 나가는 데 보탬이 되고 싶다. 여기서 더 이상 머무르지 말고 나아가야 한다. 그 발걸음에 나와 당신이 함께 할 수 있기를 간절히 바란다.

일러두기

- 외래어 표기는 국립국어원의 외래어 표기법을 따랐으나 일부는 해당 언어의 발음을 존중하여 표기했다.
- 일부 인명은 기존에 발간된 도서와 논문 등의 표기를 그대로 따랐다.
- 도서는 『 』, 논문·기사는 「 」, 신문·잡지는 〈 〉로 묶었다.
- 내용에서 사용된 참고문헌·인용문은 각주로 처리했다.

1	반려견과 함께 사는 도시	10
2	임대료 통제 받는 사회주택	18
3	오래된 공간에서 미래를 꿈꾸는 도시재생	26
4	문화와 예술이 만드는 도시재생	34
5	4차 산업혁명시대에도 제조업은 유효하다	44
6	디지털 시대의 노동자 보호	52
7	사회적 안전망이 동네가게를 지킨다	60
8	모빌리티 서비스 혁신에 도전하자	66
9	서울을 스타트업 하기 좋은 도시로	72
10	도시텃밭이 있는 자연친화적 도시	78
11	관료주의에 대한 도전, 공공 서비스를 제공하는 다른 방법	86
	하승창의 타임라인	92
	주요경력	107

1

반려견과 함께 사는 도시

베를린은 정말 반려견들의 천국이라 해도 과언이 아니다. 식당에 함께 들어오는 것은 물론이거니와 전철도 함께 탄다. 식당이나 전철에서 움직이지 않고 짖지 않으며 주인과 함께 움직이는 반려견을 보는 것도 익숙한 풍경이고, 아침마다 산보하느라 찾는 공원에 가보면 반려견들이 뛰어다니는 것을 보는 것도 일상이다. 마트에 갈 때 가끔씩 입구에 앉아 움직이지 않고 주인이 장을 다 보고 나올 때까지 기다리고 있는 반려견을 보는 것도 낯설지 않다. 숲 속 호수에 가면 반려견들의 해변이 있어서 온갖 반려견들이 물속으로 뛰어 들어 놀고, 호숫가 모래 사장을 뛰어다닌다.

이런 모습을 보면서 청와대에 있을 때 반려견 정책 때문에 동물보호단체와 반려견을 기르는 사람들이 항의집회를 열었던 기억이 절로 났다. 2017년 한 유명 가수의 반려견이 이웃을 물었는데, 그 후 그가 사망하는 사고가 있었다. 반려견을 키우지 않는 사람들은 목줄도 하지 않고 입마개도 하지 않아 개에게 물리는 사고가 나는 경우를 보며 불안해했다. 관련 항의가 늘어나자 농림부가 동물보호법의 시행규칙에 체고가 40cm 이상이면 입막음을 위한 방송구를 의무화하겠다고 고시했다. 그러자 동물보호단체들의 시위가 계속 이어졌고, 여러 의견들이 맹견에게만 방송구를 하는 것으로 정리되었고 관련한 동물보호법도 개정되었다.

당시 논란과정을 지켜보며 우리의 경우 동물보호 문제가 식용과 도축을 주로 다루는 농림축산식품부 관할로 되어 있는 것이 시민들의 정책의 신뢰를 얻는데 장애가 아닐까 하는 생각을 하게 되었다. 농식품부의 주요 업무는 축산용 동물의 관리와 육성이다. 동물권을 중시하는 시민들의 정서가 확대되었다는 것을 정부가 잘 모르고 있다고 생각하게 만드는 지점이다. 다른 시각에서 접근할 필요가 있다는 내부 논의도 있고 해서 사회혁신수석실에서 기본적인 정책의 변화를 위해 관련 부처나 단체들과 논의는 시작했지만 제대로 마무리 짓지 못하고 떠나온 것이 아쉬웠는데, 마침 베를린에서 우리와는 참 다른 모습을 보게 된 셈이다.

독일의 동물보호제도가 자리잡은 데에는 1933년에 제정된 세계최초의
동물보호법 덕분이기도 하다. 동물을 학대하면 2년이하의 징역에 처하기로
한 이 법이 만들어지면서 현재의 동물복지시스템이 만들어지는 기초가
되었다는 평가인데, 이 법은 독재자 히틀러가 만들었다. 히틀러가 마지막에
있었다는 지하벙커에 그의 반려견이 함께였다고 한다. 인종적 편견
외에는 아무 이유없이 유대인을 학살한 히틀러가 동물을 사랑했다는 것도
아이러니다.

현재 대부분의 국가는 동물의 법적 지위를 물건으로 보고 있다. 동물이
물건이라면 누군가 동물을 다치게 하거나 죽인 경우 그 동물과 소유주와의
관계 등을 고려하지 않은 채 시장에서 형성되는 해당 동물의 가격만큼
손해배상 하면 된다. 그러나 동물에 대한 인식변화에 따라 1990년 개정된
독일민법은 "동물은 물건이 아니다"라는 조문을 둠으로써 동물에게
사람과 물건 사이의 제3의 지위를 부여하고 감정과 고통을 느낄 수 있는
생물로서 그들의 고유성을 인정하게 되었다. 2002년 개정된 기본법에서는
헌법에 적합한 질서의 범위 내에서 동물을 보호해야 할 의무를 국가에
부과함으로써 동물보호에 대한 인간의 책임성을 강조하였고 이는 동물이
생명체를 가진 동료로 존중받게 된 것으로 평가된다.[1]

베를린에서 살던 빌머스도르프(Wilmersdorf)에도 개코치 연구소
(DogCoach Institut)라는 곳이 있었다. 반려견들을 위한 병원도
다양했다. 개를 위한 치과가 따로 있기도 했다. 반려견을 기르려 하면
견주가 반려견 학교를 함께 다녀야 한다는 이야기를 듣고 찾아보니
베를린의 반려견 학교는 기본 일주일 과정이 있었는데, 교육과정에 꽤 많은
견주들이 등록하고 있음을 알 수 있었다.

반려견 정책은 주마다 조금씩 달라서 모두 같지는 않지만 기본적으로
반려견의 등록은 의무적이고, 등록에 따른 세금도 개의 종류에 따라 다르긴

하지만 대개 100유로 정도 내게 되어 있다. 이렇게 내는 세금을 통해 반려견들은 사람들의 동반자로, 일종의 시민권을 획득하는 것이 아닐까 하는 생각을 하게 했다.

독일에서는 1841년 세계최초 동물보호단체인 '동물학대방지연합'이 생겼고, 이 단체가 유기동물들을 위한 보호소를 만들어 운영하였다. 1901년 처음 만들어진 보호소 티어하임(Tierheim)은 지금은 독일 전역에 500개 정도가 운영된다고 한다. 베를린에는 유럽최대의 '티어하임'이 있다. 한 해 운영비만 800만 유로, 우리 돈으로 거의 100억원에 이른다.

반려동물을 기르려면 이 티어하임을 통해 분양을 받아야만 가능하다. 우리처럼 민간에서 임의로 나누어 주거나 펫숍에서 사거나 할 수 없다. 세금을 내고 등록을 의무화하고 있기 때문에 동물유기를 하기 어렵게 되어 있다. 무엇보다 독일의 동물보호법에서 동물을 인간과 동등한 창조물이라고 규정하고 있기도 하지만, 문화 자체가 반려동물은 가족과 같기 때문에 학대하거나 유기하는 일은 있기 어렵다. 예컨대 반려견을 입양할 때 입양가정의 조건도 살펴서 그에 맞는 반려견을 입양하도록 할 뿐 아니라 견주와 반려견이 함께 하는 반려견 학교를 다니도록 한다. 최근 공중파 중에 '세상에 나쁜 개는 없다'와 '개는 훌륭하다'라는 프로그램이 있는데, 훈련사인 강형욱씨가 진행하는 것을 보면 결국 반려견 뿐 아니라 견주인 보호자를 '교육'하고 있다는 것을 알 수 있다.

또 반려견의 산책이 의무화되어 있어서 견주가 산책을 시키지 못할 때는 산책을 시켜주는 사람에게 비용을 주고 부탁하기도 한다. 그래서 반려견을 키우는 가정에 우리처럼 배변을 위한 패드가 없다. 반려견들이 산책을 나와 배변을 하도록 훈련되어 있기 때문이다.

그루네발트 숲 산책 중에 만난 반려견

오랜 기간 반려견과 함께 사는 문화가 만들어져 온 나라라서 그런지 독일에서는 반려견을 학대하거나 심지어 산책을 시키지 않고 집안에만 둔다거나 하는 경우에도 이웃이 신고를 할 정도로 반려동물을 대하는 문화가 다르다. 심지어 니더작센주는 반려견과 함께 할 수 있는 자격증제도가 시행될 만큼 엄격한 경우이기도 하다. 아예 시험을 봐야 한다. 주말마다 산책을 나갔던 그루네발트(Grunewald) 숲 속에는 사람보다 개가 더 많은 것처럼 느껴질 정도로 산책 자체를 개와 함께 하는 사람들이 많았다.

우리의 경우도 반려견을 비롯해 반려동물이 급속히 늘어나고 있다. 농림부의 2018년 동물보호·복지 실태조사에 따르면 등록된 반려견은 총 130만 4천여 마리로 2017년 대비 39.8% 늘어났다. 구조·보호된 유기·유실동물도 그만큼 늘어나서 12만 1천여 마리로 전년대비 18.0%가 늘어난 것으로 조사되었다. 반면에 유기된 동물을 보호할 곳은 적어서 동물보호단체인 케어에서 오히려 유기동물들을 안락사시킨 일이 확인되어 문제가 되기도 했다. 동물보호와 반려견을 키우는 사람과 그렇지 않은 사람, 심지어 합법적인 식용견의 필요를 주장하는 사람들까지 반려견 정책을 둘러싼 사회적 합의가 필요한 한국 사회에 독일의 동물보호 정책과 반려견 정책들은 살펴볼 필요가 있다는 생각이다.

물론 우리나라에서도 작지만 변화는 시작되었다. 2013년 강동구는 전국 지자체 최초로 동물복지 조례를 제정을 시작으로 2017년 카페형 유기동물분양센터 '리본(Re:Born)'의 문을 열었다. 또 길고양이 급식소 보급, 반려견 행동 전문가 양성과정, 찾아가는 동물학교, 반려견 사회화 교육, 소외계층 동물 매개 치유활동, 동물 사랑 걷기대회 등 반려문화 발전을 위한 혁신적인 동물복지 정책을 추진하고 있다. 동물복지 거버넌스 모델 구축을 시도하고 있는 것이다.

〈표1〉 국내 신규등록 반려견 현황

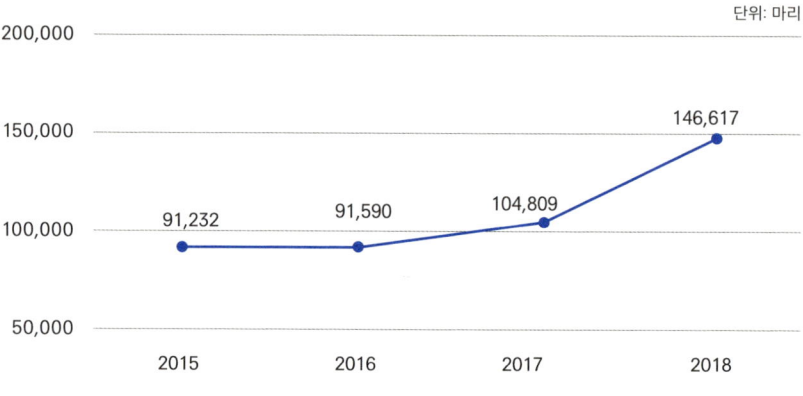

농림축산식품부, 〈2018년 반려동물 보호·복지 실태조사 결과〉 보도자료를 참고하여 작성, 2019.7.22

더욱 더 반가운 소식은 2018년부터 서울 지역 초등학교에서 반려동물의 생명을 존중하고 함께 살아가는 법을 고민하는 동물복지교육이 시작되었다는 점이며 이에 더해 최근에는 서울시가 전국 최초로 반려인 능력시험을 도입해 250명이 응시하기도 했다.

무엇보다 사람과 같은 창조물이며, 가족과 다름없다는 반려견에 대한 생각이 공감대를 넓혀가고 있는 만큼 우리도 반려견과 관련한 사회적 논의를 통해 함께 살아가는 동반자로서의 위치를 분명히 할 필요가 있다. 현재 반려견 등록은 의무화되었으니 번식을 금지하고 매매를 금지하되 관련 세금을 거둠으로써 이 돈으로 버려진 동물들을 보호할 수 있는 보호소를 설치한다든지, 관련 기업과 교육기관 및 인력의 양성, 관련 보험제도 등에 대한 논의도 활발하게 이루어지길 기대한다. 이미 1,000만이 넘어서는 반려동물과 함께 하는 사람들의 요구뿐만 아니라 동물권에 대한 사회적 인식의 제고를 위해서도 적극적으로 생각해봐야 할 의제다.

[1]
김수진, 〈독일 동물보호법령을 중심으로 본 동물보호〉,
한국법제연구원, 2005

2
임대료 통제 받는 사회주택

서울서 태어나서 지금까지 이사를 다닌 횟수를 세기조차 버거울 정도이다. 종암동 판자집에서 태어나서 여기저기 옮겨 다니다 대학에 갔을 때 아버님은 고척동에 연립주택 하나 마련하시고 너무 행복해하셨다. 결혼하고 나서 우리 부부는 어렵사리 마련했던 일산의 아파트를 IMF때 은행대출을 감당할 수 없어 처분하고 나서 파주로 서울로 옮겨 다니다 몇 년 전 오르는 전세값을 감당하기 어려워 다시 은행대출을 받아 아파트를 하나 마련했다. 아마 보통의 사람들과 크게 다르지 않은 부동산 '이력'이지 싶다. 그나마 이렇게 하고 나서는 이사를 다니지 않아도 되어 얼마나 좋았는지 모른다.

어쨌든 우리의 부동산 문제는 어느 정부에서나 늘 이슈이고, 지금도 이슈다. 분양가상한제에 이어 12.16대책이라 불리는 초강경대책을 정부가 내놓을 정도로 주택가격의 상승은 늘 문제다.

1992년 시민단체 경실련 활동을 시작으로 부동산 문제에 대해서는 여러 정책과 대책에 대한 이야기를 들을 기회들이 많았다. 경실련의 경제학자들을 통해 부동산 문제의 해법은 보유세강화와 거래세완화가 가장 기본적인 대책이라는 것을 알게 되었다. 서울대 이준구 교수가 지난 12월 19일 자신의 홈페이지에서 '종부세는 국민의 97.5%와는 관계없는 세금'이라고 했지만 우리 국민들은 대개 세금폭탄, 나쁜 세금이라는 왜곡된 인식을 갖고 있는 세금이어서 정책의 실효성을 거두지 못하고 있다.

그러나 부동산 문제를 해결해 가는 데 있어서 세제의 측면뿐 아니라 주택공급 방식이나 주택의 형태를 다양화 하는 방법으로도 접근하는 것도 함께 필요하다. 왜냐하면 필요한 주택이 적절한 가격에 공급되지 못하고 있기도 하기 때문이다. 겨울이면 쪽방이나 고시원에서 화재가 나서 사람들이 사망하는 일이 연례행사처럼 일어나고 청년들도 독립해서 살기에 어려운 주거환경에 대한 문제제기가 계속 있어왔다.

그런 점에서 안정적인 주거환경을 가지고 있는 독일이나 스위스의 경우를 보며 그를 가능하게 했던 그들 나라의 사회주택에 대한 소개들이 제법 있었다. 독일은 바이마르 공화국 시절 산업화 과정에서 도시에서 급속히 늘어난 노동자들의 주택문제를 해결하는 과정에서 국가가 주택공급의 어려움이 있자, 택지는 정부가 공급하되 노동자들 스스로 주택협동조합을 만들어 건축하도록 하면서 사회주택의 역사가 본격화되었다고 한다. 그리고 두 번의 세계대전을 겪으면서 부족해진 것도 큰 이유였다고 한다.

베를린에서 내가 살던 동네인 빌머스도르프구에 있는 여러 사회주택의 경우 1920년대에 설립된 주택협동조합들이 건축한 주택들이 간혹 보였다. 시 외곽에 있는, 지금은 유네스코 유산으로 등재된 건축물 중의 하나로 유명한 말발굽주택(Hufeisensiedlung)이 노동자 주택협동조합의 아파트이기도 하다. 브루노타우트(Taut Bruno)라는 유명한 건축가가 만든 이 주택단지는 지금도 여전히 쾌적하고 아름다운 주거공간으로 사람들이 찾는 곳이다. 독일의 노동자주택협동조합은 데게보(DeGeWo)와 게합(GEHAG)이라는 곳이 유명하다.

2015년 아이쿱협동조합 지원센터의 유럽연수 때 슈투트가르트에서 방문한 적이 있는 주택협동조합은 엘게베(LGB)라는 곳이었는데, 1921년에 설립된 엘게베는 2차대전 이후에 활성화되면서 성장하여 2억 1천 2백만 유로의 자산과 5,451가구의 아파트 공급, 6,014명의 조합원을 가지고 있다. 35세 이하와 65세 이상의 조합원이 절반 이상으로, 안정적인 주거를 요구하는 청년층과 노인가구 중심의 1-2인 가구 조합원이 많을 것이라고 유추할 수 있다. 임대료가 m^2당 5.76유로에 관리비는 대개 따로 내는데, 역시 m^2당 2.6유로니까 임대료와 관리비가 m^2당 9유로가 조금 안된다. 10평 규모의 가구라면 월 30만원 정도의 비용을 내게 된다는 이야기다. 2015년 아이쿱협동조합 지원센터의 유럽 연수 당시 방문해서 들은 이야기이므로 지금도 큰 차이는 없을 것으로 본다. 특히

빌머스도르프구 노인재단의 호헨슈타이너 거리의 요양원 전경(Seniorenheim Hohensteiner straße)

빌머스도르프구 노인재단의 호헨슈타이너 거리의 요양원 내부

빌머스도르프구 노인재단이 운영하는 호헨슈타이너 거리의 요양원은 "동네에서 안전하게 보호받을 권리(Geborgen im Kiez)"의 캐치프레이즈를 바탕으로 요양/돌봄(Pflege), 삶/주거(Wohnen), 휴식/자유(Freizeit)의 원칙으로 운영된다. 이 재단은 요양원(Seniorenheim) 4곳, 노인주택(Seniorenwohnhaus) 4곳을 운영 중인데, 노인주택의 경우 2003년 시정부의 사회주택 중 375가구(아파트 4곳)를 양도받아 60세이상 저소득층에게만 임대하고 있다.

2015년의 유럽연수 당시 스위스 취리히 주택협동조합 More Than Living방문은 인상적이었는데, 취리히 주정부로부터 100년간 임대 받은 토지에 500세대의 아파트를 공급했는데, 이 아파트는 내부 구조가 같은 것이 아니라 천장 높이, 출입구 위치 등 같은 것이 없도록 다양한 모습으로 만들고 1인 가구부터 10명이 넘는 사람들의 쉐어하우스 형태의 가구까지 다양한 형태로 공급하고 단지 전체를 생태적으로 지속가능한 곳으로 만들고 있었다. 텃밭을 만들어 이 곳에서 생산된 먹거리를 내부에 공급하고, 입주민은 자동차를 소유하지 않고 단지의 공유차를 이용하고, 단지의 에너지 40%를 태양열 에너지로 공급하며 빗물을 모아 사용하도록 설계되어 있었다. 우리도 임대주택에 대한 불편한 시선들이 있지만 스위스도 마찬가지여서 이 단지는 사회주택이라 하면 가난한 사람들의 것이라는 이미지를 극복하기 위한 주택협동조합들의 노력과 캠페인의 결실이기도 하다.

독일의 사회주택은 앞에서 말한 것처럼 바이마르 공화국 시절 부족한 주택을 공급하기 위한 정책을 만들면서 본격적으로 시작되었는데, 여기서 독일의 사회주택이란 공공 임대주택과 같이 국가 또는 지방정부가 소유하고 관리하는 주택 만을 일컫는 것이 아니다. 사회주택은 소유 및 경영과는 무관하게, 독일 정부의 공적 지원을 받으며 그 대가로 임대료 통제 및 임대계약 통제, 최저 주거기준 통제 등 다양한 통제의 의무를 받는 모든 주택을 가리킨다. 따라서 1930년대처럼 공익적 주택기업만이 아니라 이제는 개인과 사기업도 모두 공적 지원을 받아 주택을 신축 또는 경영할 수 있으며, 단 그 경우 다양한 의무를 준수해야 한다. 그런 모든 주택은 사회주택이라 불린다.

1994년 서독 지역에는 5백만 호의 사회주택이 있었다. 이 중 공익적 주택기업 및 주택협동 조합이 소유한 임대주택은 270만 호, 민간 집주인이 소유한 임대주택은 130만 호로 합계 400만호가 '사회 임대 주택'이었다. 또한 공적 지원을 받은 자가소유주택 100만 호가 있었다.[2]

〈표2〉 뮌헨, 함부르크, 베를린 지역의 평균 임대료 비교

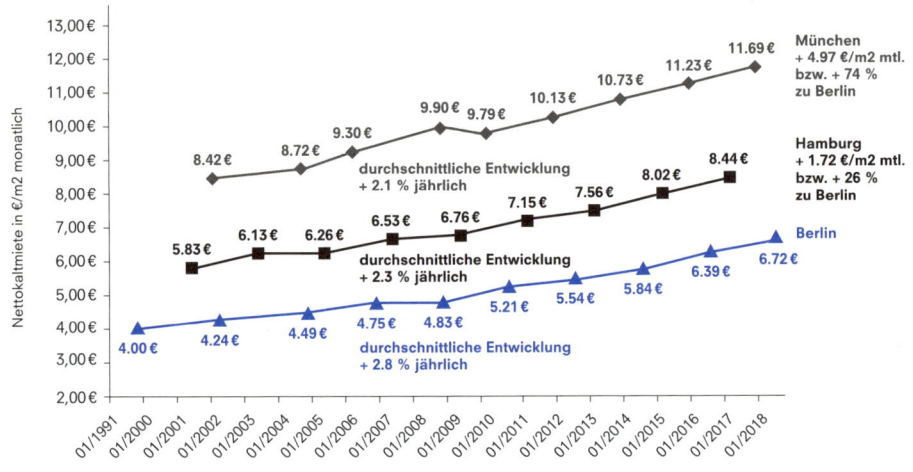

Rundfunk Berlin-Brandenburg, 임대료 상승폭의 완화(Die Mieten steigen langsamer), 2019.5.13

모든 조직과 개인이 사회주택으로 주택공급에 참여하는 것이 가능해지면서 독일에서는 사회주택과 일반주택의 괴리가 없어져갔다. 실제 베를린을 다니면서 일반주택들 사이에 시니어를 위한 사회주택들이 아주 쉽게 눈에 보였다. 요즘 학교까지 임대주택에 사는 아이들을 차별하는 은어들이 퍼져 있는 우리 상황과는 많이 다르다. 주거로 인한 차별이 없는 것에는 주택공급 방식의 다양성이라는 제도도 한 몫하고 있는 셈이다.

우리는 공공임대주택에 대한 정부지원이 OECD국가 중 1위라는 데, 왜 여전히 주택공급에서 문제가 될까? 겨울이면 고시원에서 살던 어르신들이나 쪽방에서 살던 청년들이 화재로 목숨을 버리는 일이 여전히 일어나고, 청년들은 주거가 없다며 스스로 협동조합을 만들어 쉐어하우스를 짓고 있다. 무언가 정책이 현실에서 그 실현의 정합성을 갖지 못하고 있기 때문이라는 것을 추론해 볼 수 있을 것이다. 스위스에서조차

사회주택이 갖는 부정적 이미지를 바꾸기 위한 노력이 전개되고 있지만 독일의 경우처럼 임대주택이라는 말이 곧 '차별'이 되지 않는 공급의 시스템에 대한 개선이 필요하다. 또한 다양한 주택협동조합들이 만들어지고 이들이 스스로 필요한 주택을 공급할 수 있도록 다양한 형태의 금융지원제도를 만드는 것을 고민해 봐야 한다.

최근 우리도 하우징쿱주택협동조합등 초기 주택협동조합에다 청년 주거를 위한 쉐어 하우스를 공급해 온 민달팽이 주택협동조합이나 대규모 사회주택 단지를 만들고 있는 사회혁신기업 더함 등 다양한 형태의 공급주체들이 나타나고 있는 것은 좋은 변화이다. 2015년 금천구에서 첫 선을 보인 홀몸어르신 전용 두레주택 사례도 눈 여겨 볼만하다.

이런 변화들이 활성화될 수 있도록 조금만 더 도와줄 방법을 찾아야 한다. 주거가 안정적이라 생각했던 베를린에서마저 모여드는 사람들로 인해 부족해진 주택때문에 다시 임대료 상승으로 몸살을 겪고 있지만 베를린 시정부는 민간업자가 건축한 아파트 650채를 전부 매입하고 임대료를 5년간 동결하는 조치를 취했다. 결국 정부와 사회가 주거문제에 대해 어떤 '의지'와 '목표'를 갖고 있느냐가 희망을 만드는 관건이다. 베를린의 다양한 사회주택들 사이로 다니며 든 생각이다.

2
정승일, 〈독일의 주택정책과 주택금융, 그리고 주택협동조합〉, 하우징쿱주택협동조합 40차 포럼, 2015

3

오래된 공간에서 미래를 꿈꾸는 도시재생

이제 도시재생은 큰 화두가 되었다. 문재인정부의 도시재생은 국토교통부가 2017년 9월에 발표한 '도시재생 뉴딜, 공적임대 공급, 스타트업 육성 중점'에 관한 정부의 발표 자료에 그 방향이 잘 나와있다. 그 내용은 지금까지 아파트 개발 과정에서 주로 사용되었던 "대규모 철거 및 정비 방식이 아니라 '소규모 생활밀착형 사업'을 중심으로 추진"하는 동시에, "지역주민이 주도하여 사업을 이끌어 나감으로써 지역 여건에 맞는 맞춤형 도시재생으로 추진"하겠다는 것이다.

도시재생이 중요해진 이유는 무엇보다 도시가 이제는 우리 삶의 주요공간이기 때문이다. 유엔의 전망에 의하면 2050년이면 세계인구의 80%가 도시에 살게 된다. 이렇게 도시가 사람들의 삶의 주요공간이 되면서 대개 도시가 더 만들어지기도 하지만 기존 도시의 확장과 재구성이 더 중요한 문제로 부각된다. 동시에 지방도시와 농촌은 인구의 감소와 함께 점차 소멸해 가면서 지방도시와 농촌의 재구성도 중요한 문제가 되었다. 기존의 지방도시와 농촌이 가지고 있는 공간구성과 계획으로는 빈집이 늘어나고 도시가 축소되는 것을 막을 방법이 없다는 것이 확인되었다. 쇠락한 도시를 살리는 방법의 하나로 도시재생에 주목하게 되었다.

도시재생이 이루어지는 과정과 방법, 그걸 만들어 가는 주체까지 실제 도시재생의 과정은 다양하다. 미국 라스베가스의 다운타운프로젝트처럼 상업적으로 시작해서 이루어지는 곳도 있고, 영국의 람베스지구처럼 행정이 협동조합구로 자신을 선언하고 의제의 설정과 집행을 시민사회의 자원이 참여하도록 해서 민간에게 권한을 주어 이루는 곳도 있고, 베를린의 여러 지역처럼 빈공간에 대한 점거운동으로 이루어지는 곳도 있다.

베를린을 비롯해 유럽의 도시들이 만들어 온 도시재생 과정은 그런 점에서 우리 사회에서 도움이 될 것이다. 각기 도시가 가진 문제들은 이런 저런 이유로 다 달라서 재생을 이루어가는 과정도 다 다르다.

베를린의 공간들이 재생이 되어야 할 필요가 생긴 것은 분단으로 인한 것이다. 베를린 장벽이 들어서면서 기존의 도시공간들은 과거처럼 움직일 수 없었다. 영화 촬영소로 쓰였던 우파파브릭(ufaFabrik)은 그 곳을 운영하던 영화사 우파필름이 베를린 장벽이 만들어지면서 서베를린 중심으로 이동하게 되고 영화사도 어려워지면서 빈공간이 된 곳이었다. 베를린의 여러 공간이 그렇듯 이곳도 젊은 문화예술인들이 자리잡기 시작했고 드나들던 사람들 중 30여 명이 조합을 만들어 공간을 운영하기 시작하고 이를 베를린 시 당국이 인정하고 임대계약을 맺으면서 더 자리잡게 된 공간이다. 지금은 프로그램에 따라 시의 재정지원도 있어서 안정적으로 운영되고 있는 것으로 보인다.

극장, 아이들을 위한 자유학교, 요가교실, 서커스도 공연되는 야외무대, 댄스교실, 작가들을 위한 공간, 카페 등으로 구성되어 있다. 이 공간을 운영하는 사람들은 이 곳을 생태친화적인 곳으로 만들고 있다는 것을 강조한다. 이곳 카페 올레에서 점심을 먹다 보면 이 곳 직원뿐 아니라 동네 사람들이 많이 오고 이용도 많다는 걸 알 수 있다. 무엇보다 공간을 거의 그대로 두고 공간의 성격만 바꿨다는 것이 인상적이다. 낡으면 낡은 대로 그대로 두고 있다. 지붕은 햇빛발전이나 녹지로 만들어 말 그대로 생태친화적인 공간으로 만들어 가고 있다. 카페의 음식이 정말 맛있었다.

베를린은 분단의 장벽이 무너지고 난 다음의 변화로 인해 재생이 필요해진 공간이 많아졌다. 특히 동베를린지역이 그런 곳이 많고 대부분이지만 비키니 베를린(Bikini Berlin)은 분단의 장벽이 제거된 것 때문에 도시재생이 필요해진 서베를린 지역의 공간이다. 분단이 유지되던 시절에는 서베를린의 중심 지역이었던 동물원이 있는 이 지역은 교통의 중심지였다. 지금도 동물원역을 보면 아주 큰 역이라는 것을 쉽게 알 수 있다. 여전히 시내버스들과 전철과 기차가 이 곳을 거쳐가고 일부는 종점이기도 하다. 통일이 되면서 베를린의 중심이 변화하면서 이곳이

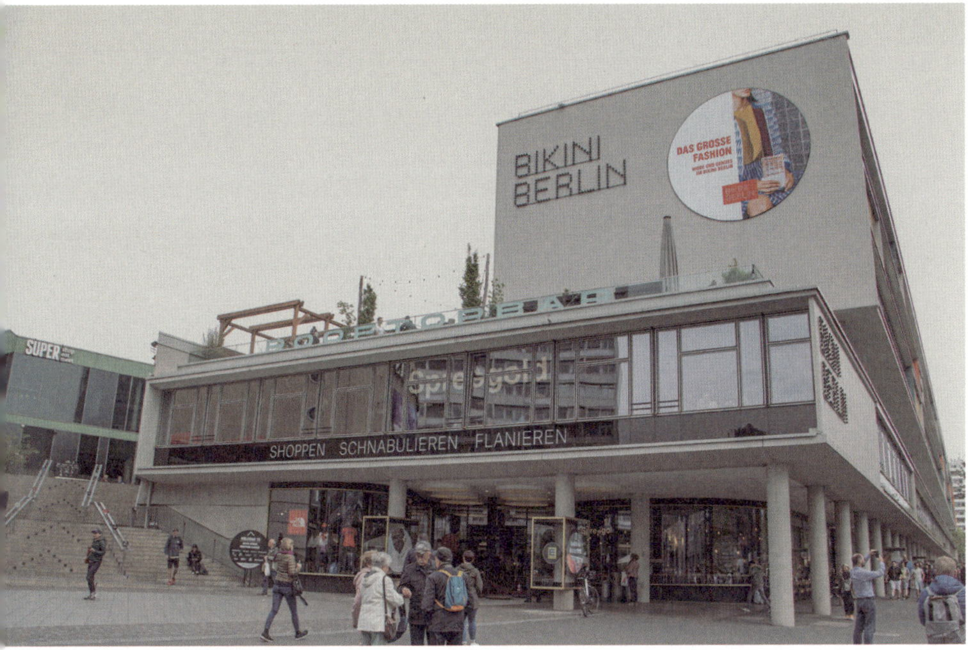
BIKINI
BERLIN
DAS GROSSE FASHION
SHOPPEN SCHNABULIEREN FLANIEREN
SUPER

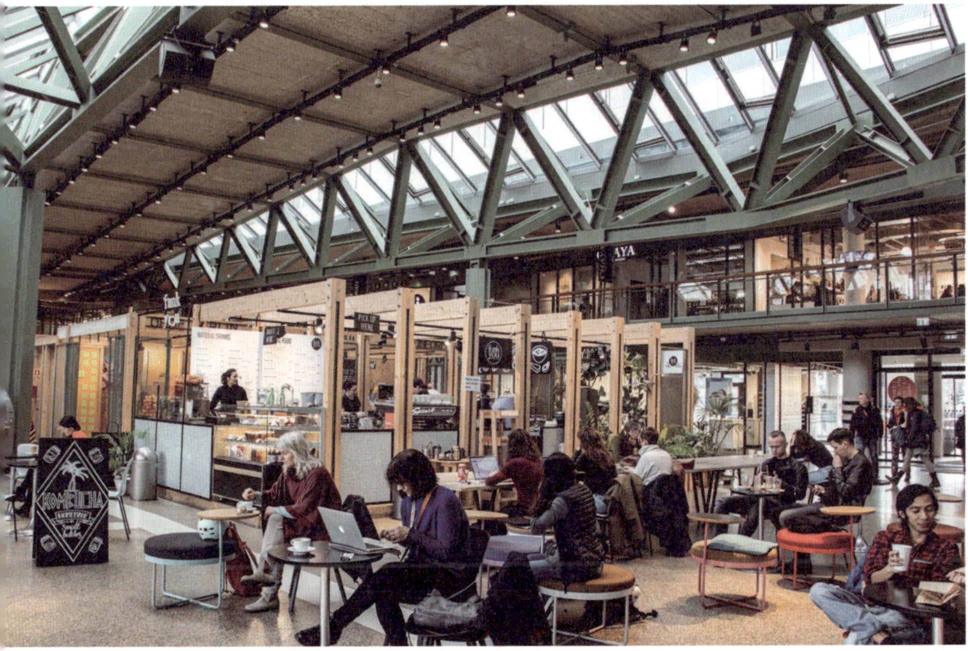
KOMBUCHA

베를린 비키니하우스

쇠락하기 시작하였다. 2006년 중앙역이 동베를린 지역에 만들어져
의회나 연방수상청 등과 가까워지면서 낡은 지역처럼 되어 버린 것이다.
그 대표적 공간이 비키니하우스(Bikinihaus)라 불리던 지금의 비키니
베를린 공간이었다. 서베를린의 중심지였을 때는 수십 개의 의류산업
업체들이 입주해 있기도 하고 건물의 투명유리창 때문에 동물원이 보인다
하여 사람들이 이름 붙여 준 비키니하우스란 이름이 있을 정도로 상징적인
공간이었지만, 중앙역이 생기면서 활기를 잃어버린 곳이었다.

이곳을 2014년 새로운 개념의 쇼핑몰로 재생하면서 옛이름의 영향을
받은 비키니 베를린을 만들었다. 디자인과 쇼핑, 음식이라는 컨셉을 담은
새로운 개념의 이 쇼핑몰에는 놀랍게도 베를린 지역의 젊은 디자이너들이
20개의 팝업스토어에 자리잡고 공정무역, 생태와 인권이라는 가치에
기반한 생산물들을 팔고 있다. 다닥다닥 붙은 가게들의 연속이 아니라
동물원이 보이는 투명한 유리창과 넓은 휴식공간, 뉴욕 하이라인을 생각해
만든 실내디자인은 쇼핑이 단지 물건을 사기 위한 행동이 아님을 말해주는
힙한 공간으로 탄생하게 만들었다. '나는 권력에 배고프다'는 3층 카페의
슬로건은 왠지 그 공간으로 끌어당기는 힘이 있다. 공간을 재생하면서
창의적 개념의 쇼핑몰을 만들고 그 곳에 젊은 창업 디자이너들을 과감하게
입주시켜 주는 정책이 도시에 역동성을 불어넣어 주고 있다. 재생, 공간의
혁신은 좋은 혹은 멋진 건물을 짓는 것에 있는 것이 아니라는 것을
말해주고 있다.

무엇보다 베를린은 이런 오래된 공간을 보존하면서 새로운 공간들로
다시 만들어 내고 있는 것이 인상적이다. 바빌론 극장(Babylon Kino)은
100년이 된 공간인데, 이 극장에서는 독일의 1920년대 무성영화가
상영된다. SF영화의 원형이기도 한 이 영화는 1960년대에 아르헨티나에서
원본이 발견된 것이다. 오래된 극장에서 오래된 영화를 상영하니까
무언가 복고라고 생각하기 쉽지만 이 무성영화의 배경음악이 현대의

기록 유산인 '메트로폴리스'가 상영 중인 바빌론 극장

가스 저장소에서 에너지 전환의 실험지구가 된 오이레프 캠퍼스

오케스트라이다. 극장을 찾는 사람들은 무성영화를 보러 오기도 하지만 오케스트라의 연주를 들으러 오기도 하는 것이다. 오래된 공간에서 오래된 영화를 현대의 오케스트라가 함께 하면서 전혀 다른 문화상품, 문화공간이 된 것이다.

2018년 가을, 희망제작소 목민관 클럽의 자치단체장들과 함께 찾은 오이레프(EUREF) 캠퍼스에서 베를린시의 창업지원센터인 베를린파트너스의 사무국장이 베를린시의 스마트전략을 설명하는 와중에 한 말이 인상에 남는다. 오이레프 캠퍼스가 있는 이곳은 베를린의 스마트시티 전략의 테스트베드이기도 한 공간인데, 도시재생으로 만들어진 공간이기도 하다.

이 공간은 원래 베를린시의 가스를 공급하던 시립가스회사가 운영하던 가스공장이자 가스저장소다. 가스공장은 1946년 운영이 중단되지만 저장소는 1995년까지 운영되었다. 1871년 만들어진 가스 공장이었고 이 공간은 문화재로 등록되어 있었다. 빈 공간이던 이 곳을 리모델링하고 신축공간을 지으며 2007년 지금의 오이레프 캠퍼스로 만든 것은 민간업자이다. 2012년 베를린 공과대학교의 석사과정 강좌를 시작으로 스마트시티, 에너지 전환, 모빌리티 관련 기업들이 입주하기 시작했고, 지금은 관련 스타트업부터 대기업까지 90여개의 기관, 3,500여명의 사람이 일하고 있는 공간이다. 원통형의 가스저장소는 공연장이 되었고, 오래된 붉은 벽돌의 건물들에는 신재생에너지를 만드는 스타트업들이 입주해 있고, 대기업들은 고층의 신축빌딩에 입주해 있었다. 설명하던 사무국장은 전통적 에너지를 공급하던 오래 된 이 공간에서 미래의 재생에너지를 만드는 스타트업들이 일하고 있는 모습에 자부심을 느끼는 지 우리는 이렇게 오래 된 공간에서 혁신을 꿈꾼다고 이야기했다. 우리라고 못할 바 없다는 생각과 함께 도시재생을 하는 이유를 새삼 생각하게 되었다.

4

문화와 예술이 만드는 도시재생

베를린의 도시재생의 다른 한 축은 동베를린 지역이다. 통일이 되고 난 후 서베를린으로 옮겨와 버린 사람들의 행렬은 동베를린 지역 곳곳을 빈 공간으로 만들어 버렸다. 빵 공장이었던 곳이 노숙자들의 공간으로 변해버렸다거나 커다란 맥주 양조장이었던 곳이 예술가들이 점거하고 있는 공간으로 변해버렸다는 이야기는 특별한 이야기가 아닐 정도로 많다. 그만큼 동베를린 지역의 공간들이 많이 비어 있었다는 이야기이기도 하다.

통일이 되고 나서 동독 지역의 사람들이 더 살기 좋은 서독지역으로 이주하거나 더 좋은 물건인 서독 기업들의 물품을 구매하면서 구동독 기업들이 쇠락해 버리면서 문을 닫는 경우가 많아졌다고 한다. 통일 당시 동독 사람들에게 지급된 급여는 마르크화였기 때문에 동독지역의 사람들은 갑자기 두 배의 소득이 생긴 셈이다. 그만큼 화폐가치에 차이가 있었기 때문이다. 그러나 가난한 도시인 베를린은 당장 비어 버린 공간을 개발할 여력이 없다 보니 빈 건물들은 노숙자나 마약중독자들이 차지하는 경우가 많아졌고, 가난한 문화예술인들의 작업실이나 거주공간이 되는 경우가 많아졌다. 스쾃(Squat)이라 하여 일종의 점거 운동도 활발하게 이루어져 도시재생으로 유명해진 공간들은 예외없이 스쾃운동(squatting)으로 점거하고 있던 사람들 때문에 옛 건물이 남아있는 경우들이 많다.

하케셔막트역의 하케셔회페(Hackescher Höfe)라는 건물도 100년이 넘은 건물인데, 이 곳도 마찬가지여서 스쾃운동으로 점거하고 있던 사람들 때문에 개발이 이루어지지 못했으나, 지금은 로자룩셈부르그 거리(Rosa-Luxemburg-Straße)로까지 이어지며 서울의 가로수길 같은 공간으로 남았다. 이곳은 현지 디자이너들의 옷과 다양한 편집샵과 분위기 좋은 카페와 음식점들이 자리잡고 있어 젊은 사람들과 관광객들의 발길을 이어지게 만들고 있다. 스쾃운동의 성지같은 타할레스(Kunsthaus Tachele)와 더불어 이 공간에도 그 흔적이 그대로 남아 있는데, 골목길에 남아 있는 그래피티(Graffiti)들을 보러 오는 사람들로 언제나 발 디딜

틈이 없다. 개인적으로도 무척 좋아하는 공간이어서 자주 가는 편이기도 하다. 맥주 양조장이 문화예술공간으로 바뀐 경우인 쿨투어브라우어라이 (Kulturbrauerei)는 꽤 넓은 공간에 극장과 전시공간, 음식점, 뮤지엄 등이 자리잡고 있고 몇몇 기업들도 입주해 있다. 태권도장이 눈에 띄기도 했다. 이 공간에서 6.8혁명 사진전이 있어서 볼 수 있었고, 구동독지역의 생활을 볼 수 있는 동독박물관은 과거 동독 시절의 모습을 보려는 사람들로 가득 차 있었다. DDR이라고 이미 유명한 구동독 박물관이 있음에도 이곳도 사람들이 많았다.

라이프치히에는 방적공장이 색다른 문화공간으로 바뀌어 있는데, 지금 영등포에서 진행되고 있는 대선제분 공장을 도시재생으로 바꾸어 보려 하는 경우에 참고할만하다. 이런 공간들은 앞서 말한 것처럼 공간이 비어 있어서 가난하고 젊은 문화예술인 작가들이 그런 공간들을 아예 작업무대로 자신들의 공간으로 만들어 살아가다가 개발 계획이 나와서 기업이나 지방정부와 대립하다가 일정한 타협이 이루어지면서 기존 공간이 유지된 채 새로운 집단이 만들어져서 운영할 수 있도록 하게 되고 새로운 문화예술공간으로 만들어지게 된다. 과거에 동독지역의 빵 공장이었던 곳이 동네의 영화관, 전시관, 카페 등으로 변한 곳도 있었는데, 그 건물에 있는 슬로건이 인상적이었다. "빵이 예술이다". 빵 공장을 커다란 마트나 다른 편의시설, 높은 아파트로 짓지 않은 것은 마을 사람들의 요구이기도 했다고 한다. 공동체가 결국 도시를 다르게 만들어 가는 것이다.

어디서나 낡고 쇠락해 버린 공간은 그만한 이유가 있다. 그 이유를 풀어나가다 보면 그 공간과 관계 맺은 사람들의 스토리를 갖게 된다. 그런 공간에 문화와 예술이 결합하면서 새로운 스토리가 만들어지고 공간은 과거와는 다른 공간이 되어가면서 도시가 다시 살아나는 모습을 공통적으로 보여준다.

맥주 양조장에서 문화 양조장으로 새 옷을 입은 쿨투어브라우어라이

다목적 문화공간으로 활용중인 베를린 빵 공장(Brotfabrik)

우리도 비슷한 경우가 있다. 서울시에는 우리 산업화 시대의 에너지를 공급하던 상징이라 할 수 있는 석유비축기지가 있었는데, 원형을 살리면서 문화공간으로 만들어 지금은 문화비축기지라 부른다. 서울시 부시장으로 있을 때 오픈을 앞두고 오래 전부터 그곳을 문화공간으로 만들어 달라고 요구했던 디자이너나 예술가, 문화운동가들이 공간에 머물러 있게 해달라는 것 때문에 조정을 해야 했던 기억이 있다. 문화비축기지의 외곽에 작은 가건물을 이용해 머무르는 것으로 타협했지만 생각해 보면 이들이 문화비축기지에서 자신들의 이야기와 생산물을 만들어 나가게 할 수 있었으면 더 많은 이야기들과 관계들이 만들어져 공간을 풍성하게 만들었겠다 싶다. 우리가 갖고 있는 관행과 제도가 아직 그 경계를 넘지 못하게 하고 있는 것이 아쉽다.

설사 공공이 이를 기획하더라도 '사람들'의 참여와 결정없이 스토리가 만들어지지는 않는다는 것을 곳곳에서 확인한다. 미리 재정과 예산을 투입하기로 결정하면 안되는 셈이다. 그러므로 도시재생기금 등을 만들어 경직적으로 예산이 지출되기 보다 주민들의 요구와 필요에 따라 계획이 만들어 질 수 있게 해야 한다. 라스베가스의 다운타운프로젝트처럼 아예 상업적 펀드가 기획할 수도 있겠지만 드문 경우라 할 수 있다. 혁신적 아이디어를 가진 그룹들의 존재가 공간을 변화시키는 요소로 작동한다는 점을 이해한다면 만들어 주기 보다 만들려고 하는 사람들에 대한 지원이 더욱 필요하고 중요하다. 지금까지의 행정은 만들어 주는 공급마인드였다면 이제는 그를 도와주고 지원하는 방식으로의 변화가 반드시 필요하다는 것을 베를린의 공간들을 볼 때 마다 느끼게 된다.

베를린 도시재생의 또 다른 공간의 축은 자신들이 만들어낸 전쟁과 체제에 대한 '기억', 그리고 '분단'과 직접적으로 관계된 곳들이다. 브란덴부르크 문(Brandenburg Gate)이나 체크포인트 찰리(Checkpoint Charlie), 눈물의 궁전(Palace of Tears)처럼 분단을 그대로 보존하고 기념하는 공간들도 있지만 이런 곳은 도시재생이라는 개념으로 설명하기는 쉽지 않다. 그러나 분단을 보존하기는 하지만 이를 다르게 만들어 공간 자체의 성격을 바꾸어 버린 곳도 있다. 개인적으로는 가장 베를린스러운 공간이라는 생각을 하는 곳이기도 하다. 슈프레강이 지나는 아름다운 가버나움 다리가 있는 곳에 위치한 이스트사이드갤러리(East Side Galler)가 그런 곳이다. 1.3km 길이의 베를린장벽이 고스란히 남아 있고, 그 장벽에는 분단과 평화를 주제로 한 회화들이 그려져 있다. 이보다 멋진 야외 갤러리가 있을까? 남과 북이 휴전선 내에 있는 감시초소(GP)들을 없애기로 합의하고 서로 11개씩 '폭파'해 버렸다는 이야기를 듣고 너무 아쉬웠다. 좀 더 조사하고 살펴보고 남겨 둔 채 서로 다른 공간으로 만들 계획을 세우는 것은 안되는 것이었을까? 그래도 한 개씩은 남겨두었다고 하니 그나마 다행이다 싶다.

베를린도 처음부터 모든 것을 보존했던 것은 아니다. 통일직후 새로운 도시 베를린에 대한 열망이 공간의 다른 구성으로 드러난 곳은 포츠다머 플라츠(Potsdamer Platz)로 알려져 있다. 지금도 관광객들이 많이 찾는 소니센터나 베를린영화제가 열리는 건물 등도 이 곳에 있다. 그러나 여기에 있던 베를린 장벽은 상징적으로 남아 있기는 하지만 흔적을 찾기는 쉽지 않다. 통일 이후 꽤 오랜 시간이 지난 다음 베를린 장벽에 대한 의견이 모아졌다. 2006년 베를린 장벽에 대한 종합계획이 나온 다음에야 베르나우어거리의 베를린장벽과 박물관이 만들어졌다. 이 종합 계획에 따라 베를린 장벽의 보존과 관련한 재단이 만들어지는데 이스트사이드갤러리도 이 재단의 관리하에 들어가게 되었다. 이스트사이드갤러리는 장벽의 보전에 대한 이야기를 나누던 가운데 알리카바니 교수에 의해 제안된 벽화프로젝트에 21개국 118명의 젊은 작가들이 참여하면서 만들어졌다. 게리호네커와 브레즈네프의 키스 장면은 이 갤러리의 상징적 그림으로 여겨진다.

베르나우어거리처럼 '분단'을 성찰하도록 그대로 보존하는 공간도 있지만
문화와 예술이 더해져 전혀 다른 공간으로 거듭난 이스트사이드갤러리는
지금의 베를린을 잘 보여주는 공간이다.[3]

이런 도시재생은 통일이후 베를린의 도시계획을 책임졌던 베를린의 총괄
건축가 한스 슈팀만의 역할 때문이기도 했다. '비판적 재건'이라는 슬로건
아래 통일 이후 베를린의 공간구성과 도시계획을 책임졌던 한스 슈팀만은
구도심의 경우에 베를린 돔의 실루엣을 살리기 위해 모든 건물은 22m를
넘지 않도록 하고 옛 건물은 그 모양을 가능한 원형 그대로 살리면서
건축을 하도록 했다. 물론 이같은 방침에 대한 비판적 목소리도 있었다
한다. 유대인 박물관으로 유명한 러베스킨트같은 사람은 한스 슈팀만의
이런 방침이 베를린이 현대적 도시로 발전하는 데 방해했다고도 한다.
그럼에도 불구하고 15년동안 한사람이 일관되게 도시의 공간구성에
대해 끌어갈 수 있다는 것이 한 도시가 자신의 특성을 갖는데 기여했던
요소임을 부인하기는 어려울 것으로 보인다. 관련해 서울시도 서울시 총괄
건축가라는 직책을 만들고 서울의 모든 건축과 관련해 의견을 낼 수 있게
하고 있지만 공무원들이나 건축계에서 한 사람에게 너무 많은 권한을
주었다며 상당히 비판적으로 접근하고 있기도 하다. 그러나 '건축'의
시대라고 할만큼 건축이 중요해진 지금 시대에 서울시의 이런 제도는 그
취지를 잘 살려 적극적으로 고려할 필요가 있다.[4]

그런데 우리는 의도했든 그렇지 않든 중앙정부가 재생과정을 설계하는
것처럼 되어 버렸다. 더구나 도시 재생에서의 핵심은 사실 특정한 공간과
그 공간과 관계 맺은 '사람들'이 참여하는 '과정'이 중요한데 그 지점은
빈 공란이 되어 있다는 점에서 쉽지 않은 설계였다. 그러다 보니 과거처럼
지역개발에 정부가 예산 나누어 주는 것처럼 보일 우려가 크지 않을 수
없다. 그래서 도시재생뉴딜은 개발의 다른 이름처럼 여겨질 우려도 적지
않다. 베를린에서는 곳곳에서 그런 이야기와 만난다. 공주의 정원은 동네

한가운데 있는 쓰레기 하치장이었지만 마을 사람들의 노력으로 훌륭한 도시텃밭으로 거듭난 경우이다. 동네 한가운데에 있는 도시 텃밭은 공원이자, 새로운 문화공간이고, 휴식공간이 되어 마을의 격을 다르게 만들어 주었다. 일관된 건축방침과 이야기가 있는 시민들의 참여와 예술의 결합, 그리고 그것이 가능하도록 하는 지원시스템이 도시를 다르게 만든다.

3
naomee, 〈베를린 장벽, 채우고 비워낸 성찰의 공간들〉
(https://brunch.co.kr/@littlenothing/24), 2018.4.19

4
손관승, 『me, 베를린에서 나를 찾다』, 2018

5

4차 산업혁명 시대에도 제조업은 유효하다

독일 정부의 4차 산업혁명에 대한 대응전략은 흔히 산업 4.0(Industry 4.0)이라 부른다. 그런데, 산업 4.0은 그 자체로 독자적인 전략이기 보다 하이테크전략이라 부르는 독일의 국가발전전략안에 위치한 개념이다. 이 플랜은 2006년 독일 정부가 '글로벌경쟁의 심화와 내부경쟁력 위기를 극복하고, 선도국 지위를 확보하고자 범부처 차원의 포괄적 국가전략(을) 수립'하는데 이는 '독일의 풍부한 기술과 아이디어를 최대한 활용하기 위해 지식·전문기술 혁신을 추구하는 범부처 횡단형 혁신전략을 제안'했던 것에서 출발한다. 이후 4년마다 이 전략을 발전시키는 데, 2010년 하이테크전략 2020, 2014년 신하이테크전략, 2018년 하이테크전략 2025으로 이어진다. 특히 우리가 흔히 아는 인더스트리 4.0, 산업 4.0 이라는 개념은 2010년 하이테크전략 2020 중 10대 미래전략 프로젝트의 하나로 설정된다.

이 미래전략 프로젝트는 기후변화, 에너지, 고령화, 디지털화, 이동, 안전 등 미래 의제에 선도적으로 대응하기 위한 전략이다. (이 전략에는 특히 실행전략으로 사회혁신 전략이 강조되는데 시민사회의 참여를 중요한 전략으로 채택한다) 노동 4.0은 2014년의 신하이테크 전략에서 디지털 사회에서의 노동이라는 의제로 설정된 이후 2018년의 전략에서는 경제 및 노동 4.0 이라는 핵심 의제로 설정되어, 디지털화된 업무 환경에서의 노동자들의 건강과 안전을 위한 새로운 업무 환경 설계라는 목표를 갖게 된다.

2018년의 하이테크전략 2025는 크게 세 분야의 전략을 설정하는 데 사회문제 대응, 미래 경쟁력 강화, 개방형 혁신 및 스타트업 문화 조성으로 나누어진다. 그중 노동 4.0 의제가 포함된 사회문제 대응전략은 '사람을 정책의 중심에 두고 건강과 보건, 지속 가능성, 기후변화 대응, 에너지, 이동 수단, 도시와 토지개발, 안보, 경제 4.0 등 주요한 사회문제 대응에 초점을 두며, 사람들이 일상생활에서 체감할 수 있는 비약적 성과를 달성'하는 것을 목적으로 한다. 동시에 '데이터, 지식, 기술로의 접근성을

활용하여 효과적 분업체제를 통해 연구와 혁신의 최고 수준을 실현하는
것과 디지털화를 통해 사회문제를 해결하는 지속가능한 솔루션을
제시'하는 목표를 갖는다.

간략히 본 것에서도 알 수 있듯이 독일의 국가 발전 전략은 글로벌 경쟁의
심화와 내부 경쟁력의 확보를 위한 국가발전전략을 세우는 과정에서
전지구적 변화로 인한 사회문제들의 해결없이 국가발전이 없다는 것을
명확하게 하고 있다. 설정된 6개 분야의 과제들을 보면 이를 좀 더
명료하게 알 수 있는데, 자국 국민들의 수명이 10년 이상 연장된 고령화
사회라는 점을 감안하여 건강과 보건이 중요한 사회문제라는 점을 분명히
하고 있고, 에너지, 난방, 교통 부문의 연계 및 재생에너지 활용 최적화
등 파리 협약과 기후행동계획 2050을 구체화 하기 위한 지속가능성과
기후변화 에너지 문제, 이동수단이 디지털화, 신기술, 기후 변화 등으로
변화하고 있어 이를 시민과 함께 만들어가기 위한 지능적, 친환경교통,
독일내 모든 지역을 지속가능한 생활과 경제의 공간으로 만들기 위한
도시 및 토지개발, 테러와 재난으로 부터의 시민들을 보호하기 위한 안전,
플랫폼경제등 새로운 형태의 사업을 개발하는 것을 돕고, 디지털시대의
노동 환경을 설계하고 노동자들의 건강과 안전을 위한 지원을 고민하는
경제 및 노동 4.0으로 이루어져 있다.[5]

독일의 국가발전전략의 일환으로서 산업 4.0(industry 4.0)은 그러므로
디지털 시대의 독일 제조업의 전환과 발전 전략인 셈이다. 산업 4.0은
2010년 하이테크전략 2020에서 미래전략 프로젝트에서 처음 제기되었다.

그 내용은 〈표3〉과 같다.

〈표3〉 2010년 하이테크전략 2020의 미래전략 프로젝트 목록

10대 미래 프로젝트	주관부처	투자규모
탄소 중립, 에너지 효율, 기후변화적응 도시건설	BMVBS, BMBF	5.6억 유로
석유 대체용 재생바이오물질 개발	BMBF, BMELV	5.7억 유로
지능형 에너지 공급체계로의 재구조화	BMBF	37.0억 유로
개인맞춤형 의료를 통한 효과적 질병 치료	BMBF	3.7억 유로
최적화된 식단을 통한 건강증진	BMBF	0.9억 유로
고령자의 자립적 생활	BMBF	3.0억 유로
2020년 독일 내 100만의 전기자동차 (지속가능한 교통구축)	BMVBS, BMWi	21.9억 유로
커뮤니케이션 네트워크 효과적 보호	BMBF, BMI	0.6억 유로
글로벌 지식에 대한 디지털 접근 및 활용 강화	BMWi	3.0억 유로
내일의 직업세계와 그 구조: 인더스트리 4.0	BMBF, BMWi	2.0억 유로

한국과학기술기획평가원, 〈과학기술& ICT 정책기술동향 130호〉, 2018.11.9

눈여겨 살펴볼 것은 이 프로젝트를 기획하고 집행하기 위해 만든 인더스트리 4.0 플랫폼이다. 〈표4〉에 보는 것처럼 인더스트리 4.0 플랫폼은 정부와 기업, 노동조합, 전문가 등 다양한 주체들이 참여하고 있다.

이 가운데 가장 큰 역할을 하는 것은 기업이다. 플랫폼에 참여하고 있는 독일전자산업협회 관계자의 말을 빌면 보다 명확히 알 수 있다.

"물론 기업들이 인더스트리 4.0의 가장 중요한 역할을 하고 있습니다. 그들은 기술, 솔루션을 개발하고, 구현합니다. 산업 협회는 원칙적으로 회원사들의 이익을 대변합니다. Bitkom은 IT 산업분야를 대변하고, VDMA는 기계산업, ZVEI는 전기·전자산업분야 기업들의 이익을 대변합니다. 이들 3개 산업 협회가 플랫폼 인더스트리(Plattform Industrie) 4.0 설립을 주도했습니다. R&D 기관들은 각

기관들의 설립 취지에 따라 운영되며, 기초 연구 수행자로서 또는 정부 자금 지원을 받는 공동 프로젝트 연구 참여를 통해 인더스트리 4.0 발전에 크게 기여합니다. 클러스터는 정부 지원을 받아 미국 실리콘밸리와 같이 이미 존재하는 지식, 자원을 기반으로 산업(기업), 연구기관들을 통합하는 역할을 합니다. 만약 기업, 연구소가 서로 밀접하게 특정 기술 분야에 전문성이 있는 지역이 있다면, 클러스터 설립을 신청하고, 정부 자금 지원을 받아 기술이전, 공동 연구 프로젝트를 강화할 수 있습니다." [6]

〈표4〉 산업 4.0(Industry4.0) 플랫폼 체계

Clemens Otte, 「Industry 4.0 - 독일경제와 사회에 미치는 영향」, 독일연방산업협회(BDI), 2018

여기서 논의되어 설립된 클러스터들이 구체적인 프로젝트를 통해 제조업의 디지털화를 돕는다. 대표적인 클러스터로 It's Owl(Intelligent Technical Systems OstWestfalenLippe)이 있는데, 이 클러스터의 미션은 중소기업(small and medium-sized company)을 위한 Technology transfer라 하고 있다. 이 클러스터는 이미 2012-2017년 사이에 47개의 프로젝트를 완료하였다. 기업이 중심이 되어 플랫폼이 만들어지는 경과를 살펴보면 앞서 말한 3개 협회가 플랫폼 결성을 주도하지만 이들은 2년간의 워킹그룹 활동을 통해 인더스트리 4.0의 범위가 기업을 넘어 사회적인 부분까지 포괄해야 한다고 보고, 이 플랫폼을 정부에 이양하며 연방경제에너지부와 연방교육연구부가 이를 수용하여 2015년 정식으로 출범한다.

이 플랫폼에는 다양한 주체들이 참여하고 있는데, 주목할 점은 3개 협회와 정부부처 외에도 지멘스같은 대기업과 금속 노조같은 산별 노조 등 주요한 주체들이 참여하고 있다는 점이다.

특히 2개 정부부처는 플랫폼에서 인더스트리 4.0에 대한 이슈에 대해 의견을 내고, 필요한 부분들을 지원하지만 적극적으로 개입하지는 않는다는 점이 특이하다고 볼 수 있다. 독일 연방정부는 인더스트리 4.0이 직접적인 이해 당사자인 기업들과 사회단체, 협회 등에 의해 주도되어야 된다는 점을 인식하고 플랫폼의 워킹그룹에서 마련한 내용들을 함께 검토하며 상명하달식 구조를 최대한 피하고 있다.

플랫폼 출범의 가장 큰 의의는 4차 산업혁명에 관련된 모든 이해관계자를 한자리에 모이게 하여 관련 대응 방안과 전략을 함께 구성해나간다는 점에 있다. 경영진들은 2개 정부부처 장관을 비롯하여 총 10명으로 구성되어 있으며, 플랫폼에 참여하고 있는 기업, 기관 수는 2017년 3월 현재 140개에 달한다.[7]

그러므로 인더스트리 4.0이라는 독일 제조업을 위한 미래 프로젝트를 구체적으로 집행하기 위한 단위가 인더스트리 4.0 플랫폼이고 각 지역의 클러스터들이 기존 제조업의 공장들을 디지털화 하기 위한 구체적인 프로젝트들을 실현 중이라고 할 수 있다. 우리의 4차 산업혁명 위원회는 아쉽게도 4차 산업혁명에 필요한 의제를 정하는 역할을 하는 데 집중되어 있는 반면에 이처럼 독일의 인더스트리 4.0은 독일산업의 주요기반인 제조업의 디지털화가 중요한 의제일 뿐 아니라 관련 주체가 참여하여 실제적인 프로그램을 만들고 구체적으로 실현하는 프로젝트인 셈이다. 디지털화가 가져오는 산업의 변화라는 것이 '신산업' 분야의 창업에만 있는 것이 아니라 기존 제조업을 디지털화 하는 것이 중요하다. 그래야 기존 산업에 종사하는 노동자들이 생산현장에서 퇴출되는 것이 아니라 디지털화되는 생산공정에 새롭게 적응해 공동체가 유지되는데도 기여하게 되는 것이다. 스마트공장과 자율주행차, 공유경제만이 4차 산업혁명이 아니라 기존 제조업의 디지털화야 말로 사회 전체가 안정적으로 4차 산업혁명에 적응해 가는 과정이기도 하다.

한편 우리 정부도 세계 4대 제조강국으로 도약을 위한 '제조업 르네상스 비전 및 전략'을 추진하기로 했다. 2030년까지 우리나라 제조업 부가가치율과 신사업·신품목의 제조업 생산액 비중을 30%까지 높이고, 1천 200개에 달하는 초일류 기업을 육성하겠다는게 정부의 계획이다. 관련해 작은 제조업의 디지털화에 대한 적극적인 검토와 새로운 산업적 비전에 대한 연구 등이 필요한 시점이다.

[5]
한국과학기술기획평가원, 〈과학기술 & ICT 정책기술동향 130호〉, 2018.11.9

[6]
대한무역투자진흥공사(KOTRA) 해외시장뉴스, 「독일 전문가로부터 듣는 '인더스트리 4.0 이야기'」, 2017.6.1

[7]
대외경제정책연구원, 「주요국의 4차 산업혁명과 한국의 성장전략:미국, 독일, 일본을 중심으로」, 2017

6

디지털 시대의 노동자 보호

제조업의 디지털화는 결국 기존의 생산공정을 다른 모듈로 변환시키는 과정이기도 한 셈인데, 이는 노동과정과 방식의 변화를 필연적으로 가져오는 것이다. 기존 제조업의 영역과 관계없이 발전한 플랫폼 노동이라는 새로운 노동방식들의 경우에도 기존의 노동조건과 다르므로 이에 대한 정책도 새로이 만들어져야 하며 기존 제조업도 마찬가지로 디지털화에 따른 노동조건의 변화에 대응하는 구체적인 노동과정과 방식을 규정하는 업무환경의 재설계가 필연적으로 필요해 진 셈이다. 후자의 경우 이는 독일은 노동 4.0이라는 의제로 발전한다. 노동 4.0은 인더스트리 4.0 플랫폼의 워킹그룹의 과제중의 하나로 설치되고 발전하게 된다. 노동 4.0은 인더스트리 4.0이 시작된 이후 2014년의 신하이테크전략에서 디지털 사회에서의 노동이라는 의제로 설정되고, 2018년의 전략에서는 경제 및 노동 4.0이라는 핵심의제로 설정되어 디지털화된 업무환경에서의 노동자들의 건강과 안전을 위한 새로운 업무환경의 설계라는 목표를 갖게 된다.

〈표5〉 독일의 고용인구 변화

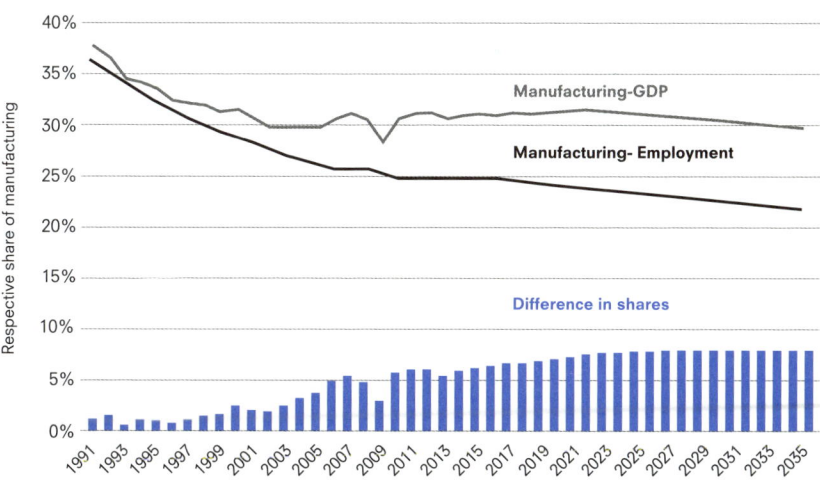

German Federal Ministry of Labour and Social Affairs, 〈Work 4.0〉, 2018.12.3

〈표5〉를 보면 독일의 제조업의 GDP규모는 줄지 않음에도 고용인구도 추세적으로 보면 줄어들고 있다. 이는 디지털화의 진전에 따른 고용인구의 변화라고 볼 수 있다. 이런 변화에 대한 노조의 대응이 궁금하지 않을 수 없다. 특히 서비스산업에서의 고용의 변화는 노동조건의 변화와 밀접하게 연결되어 있을 것이라는 생각에서 서비스산업노조(Ver.di)를 방문해 이야기를 듣는 기회를 가졌다. 인상적인 것은 담당국장으로 보이는 Barbara Susec의 업무범위를 지칭하는 직책명이 '혁신과 좋은 일자리(Innovation and Decent work)' 분야였다.

인터뷰 내내 수섹 국장이 강조한 것은 노동자교육이었다. 디지털화에 따른 고용인구의 축소에 대한 대응이라고 예단한 것은 어긋났다. 디지털화를 피할 수 없으며 노동자들도 이에 적응해야 한다는 것을 분명히 알도록 해주는 것이 노조의 중요한 임무라는 것이었으며 정보화시대에 개인정보의 중요성에 대한 인식제고, 디지털화에 따른 노동방식의 변화가 가져오는 노동자들의 건강과 안전에 대한 인식제고가 중요하다는 이야기였다. Industry4.0이라고 부르기 보다 이 변화를 디지털화로 부르고 싶다는 Susec 국장은 서비스 산업 분야가 고용인구의 75%가 있고, 그 중에 디지털화를 촉진하는 분야는 IT, 보험, 금융, 전자통신 등의 분야인데, 이 변화를 막을 수는 없기 때문에 자신들의 관심은 기술이 사람을 조정하게 하는 것이 아니라 사람이 좋은 일자리에 가도록 만드는 것, 좋은 일자리가 되도록 디자인하는 것에 관심이 있다고 말한다.

2010년 2011년부터 여러 차원에서 대책을 강구해 왔는데, 사업장 차원에서의 변화에 대처하는 것, 임금협약차원에서 대처하는 것, 정책입안의 기준과 방향을 제시하는 것 등과 함께 학문적 차원에서도 노동자들의 건강과 노동강도의 변화에 따른 스트레스 증가 등에 대해 연구해 왔다고 한다. 디지털로 인한 변화에 관한 각종 컨퍼런스와 인공지능으로 인한 변화에 관한 정보, 개인정보보호와 노동에 대한 감시,

감독 문제 등에 대해 정보를 제공하거나 각기의 개별주제에 관한 권고등을 노동자들에게 제공하고 있다.

행동지침을 정형화해서 대립하기 보다 사회적 동반자로서 정치가 적극적으로 대처하여 대화중심으로 노사가 변화에 대응하도록 하고 있고, 노동자들이 노동 유연성이 커지면서 노동의 형태가 변화하게 되면 특히 노동시간과의 관련성이 커지는 데, 탄력근무제에 따른 노동자들의 건강문제가 심각하게 제기될 수 있고, 이같은 노동형태를 선호하는 노동자들에게 스스로 위험에 빠트리는 것이라는 점을 강조하고 있다. 아직 전체적인 지침으로 발전시키고 있지 못하지만 이동 노동자라든가 간병 노동자처럼 각기의 조건에 따른 권고를 만들어 제공하고 있다. 예컨대 이동 노동자의 경우, 언제 연락이 되어야 하는지, 일하는 장소를 어디로 해야 하는지, 사무실에는 며칠 나와야 하는지 등에 관한 개별 사안별 권고를 중심으로 대응하고 있다고 한다.

대체로 수색 국장의 요지는 디지털화는 피할 수 없는 변화이며, 이는 노동자도 예외가 아니므로 이에 적응하기 위한 교육이 노동자들에게 중요하다는 것이었다. 동시에 그로 인한 변화들이 어떻게 사회를 바꾸고 있는 지에 대한 정보를 제공하여 그 인식능력을 제고함과 동시에 노동형태의 변화와 노동시간의 유연화에 따라 노동자들의 건강과 안전이 중요한 의제가 되고 있다며 구체적으로 그에 관한 연구와 권고를 만들어가고 있는 중임을 알려주었다. 이런 변화에 대한 인식은 정부와 기업, 노조간에 디지털화에 대한 공동대응에 관한 선언과 공동의 계획으로 드러난다. 디지털화는 피할 수 없는 변화라는 공동의 인식위에 정보화의 흐름과 개인정보의 중요성, 새로운 노동의 형태에 따른 건강과 안전문제에 대한 정보를 노동자들에게 제공하는 우선적으로 중요하게 여길 뿐 아니라 그를 위한 교육문제를 중요한 과제로 인식하고 있음을 볼 수 있다. 2014년 독일노조총연맹(DGB)는 교육과 재교육을 위한 노사정 연합체를 구성하고

있을 뿐 아니라 서비스산업노조(Ver.di)의 경우에도 2015년 4월 맺은
노사정 공동선언에서 노동자들에게 제공될 교육의 기회의 중요성에 대해
합의하고 있고, I.GMetal금속노조는 지멘스와의 협약으로 노동자교육기금
설치를 구체적 사업으로 합의하고 있다. 노사정 공동선언은 정치적 선언이기는
하지만 디지털화에 대응하는 노동조합의 전략의 일단을 볼 수 있는 문건이고,
지멘스가 내놓은 교육기금은 그 구체적 모습이라고 할 수 있다.

2015년 독일 경제에너지부와 서비스산업노조(Ver.di), 독일상공회의소
(DIHK) 간에 맺은 독일 서비스 4.0 노사정 공동선언의 경우 회사에서
정확하게 디지털화를 구현할 수 있는 방법과 그에 따른 결과에 대처하는
방법에 대해 정보를 공유하는 것이 중요하며, 훈련된 인력의 필요와 함께
기존의 노동자들에게 새로운 직무내용을 제공하는 것이 중요하다는 점에
인식을 같이 하고 있음을 보여준다. 지멘스는 2022년까지 디지털화에
대응하는 노동자들을 위한 교육기금으로 1억 유로를 내놓기로 했다. 이는
지멘스가 스마트팩토리로 변화하는 과정에서 노동자를 해고하지 않고
디지터화에 적응하기 위한 소프트웨어 교육 등을 노동자에게 제공해서
생산성을 높여냈던 경험이 있기에 가능했다고 할 수 있다. 2018년의
총기업연합과 독일금속노조와의 합의에 기초한 기금출연인데, 이
외에도 전세계 지멘스 관련 노동자들의 교육을 위해 5억 유로를 별도로
출연하기로 했다.[8]

지멘스의 교육기금 설치에 나타나는 것처럼 노조뿐 아니라 기업들도
노동자들의 교육을 중요하게 여기고 있다. 인더스트리 4.0 플랫폼 운영위에
참여하는 독일 산업협회를 만나 이야기를 들었을 때도 같은 인식을
공유하고 있음을 확인할 수 있었다. 4차 산업혁명이라 불리는 정보화 혹은
디지털화가 우리 삶에 가져 온 변화가 이미 작지 않지만 앞으로의 변화
역시 그 끝을 알기 쉽지 않다. 중세에서 근대로 이행하는 데 결정적 영향을
미친 기술적 발전이 증기기관이나 인쇄술이었던 것처럼 인터넷이 가져

오는 혁명적 변화는 시대 자체를 다르게 만들고 있다고 할 수 있다. 그 중 산업에 가져 오는 변화는 직접적으로 노동하는 사람들의 삶에 변화에 영향을 미친다. 노동시간 노동형태 노동조건 등 전방위적이다. 그러므로 기존 산업이 디지털화에 어떻게 대응하는 지는 노동조건에 직접적인 변화를 가져오는 일이기도 하다.

독일의 노동 4.0은 그 점을 분영히 하고 있다. 2015년 노동 4.0의 녹서를 만들어 꼼꼼히 디지털화에 따른 노동조건의 변화에 대한 질문을 던지고 2016년 백서를 내놓았다. 노동 4.0은 디지털화에 따른 노동조건의 재설계라는 뚜렷한 목표를 갖고 있고, 이는 이에 앞서 논의되는 디지털화에 따른 제조업의 변화에 조응한다. 인더스트리 4.0이라 부르는 제조업 분야의 디지털화에 따른 스마트공장으로의 이행전략과 생산환경의 변화가 가져 올 노동조건의 재설계로 이어지는 노동 4.0은 이렇게 직접적으로 이어진다. 독일의 접근은 무엇보다 사람들이 이 변화에 적응하도록 돕는다. 그리고 플랫폼을 통해 이해 관계자들이 모두 모여 이행을 위한 조건을 연구하고 이를 기초로 계획을 세우고 실제 이행의 주체가 되는 지역적 공간에 관련 클러스터를 만들어 실제 변화를 만들어 내려 한다. 이해 관계자들의 참여에 의한 연구와 논의, 사업계획의 마련이라는 '과정'을 설계함으로써 갈등을 줄이고 교육을 통해 적응을 돕는 과정인 셈이다.

결국 독일 제조업의 경쟁력을 높이기 위한 산업의 디지털화를 기획하고 집행하는 인더스트리 4.0과 그에 따른 노동조건의 변화를 담은 노동 4.0의 중심에는 자본과 공장이 아닌 사람이 있는 셈이다. 무엇보다 그 과정을 오랜 시간 정부와 기업, 노동조합이 함께 만들어 가고 있다는 것을 주목해 보아야만 한다. 보다 근본적으로는 디지털화에 따른 새로운 산업들의 등장에 따라 노동의 형태가 변화함에 따라 기존의 노동법이 노동자들을 제대로 보호하지 못하게 되었다는 것이 사회의 큰 문제로 되고 있다. 특히 제조업과 같은 공장 노동 중심의 노동형태가 아닌 서비스업에 종사하는 노동자들의 플랫폼 노동은 전통적인 노동자가 아닌 형식적으로 자영업자 형태로 노동이 이루어지고 있어서 기존 노동법의 적용대상이 아니게 되어 있어 아무런 사회적 보호를 받지 못하고 있다.

인식의 전환이 필요하다. 형식이 자영업으로 되어 있다 하더라도 이 영역에서 노동하는 사람들이 늘어날수록 이같은 플랫폼노동에 종사하는 사람들의 노동조건 개선은 사회의 중요한 문제가 된다. 기본적인 사회적 안전망안에서 이들의 노동이 보호될 때 우리 삶의 질도 개선된다는 점에서 과거 시대의 노동법 규정에 얽매여 이들을 사각지대에 남겨 놓아서는 안되다. 근본적으로는 디지털 시대에 악화된 노동 조건을 살펴보고 이를 보호하기 위한 법적 제도적 장치를 만들어야 하지만 당장은 플랫폼 노동에 종사하는 사람들에 대한 사회적 안전망을 통한 보호에 적극적으로 나서야 한다. 그를 위해 플랫폼 노동자를 새롭게 정의하고 법적 보호의 체계에 포함되도록 해야 한다.

참고로 유럽연합은 최근 '근로계약의 형태와 관계없이 모든 근로자들에게 사회적 보호가 제공될 것을 제안하는 European Pilar of Social Rights의 틀을 마련했다. 고용 또는 자영업에 종사하는 모든 사람이 사회적 보호에 공식적이고 효과적으로 접근할 수 있도록 보장하고, 근로자가 직업, 활동영역, 고용형태, 자영업 여부를 변경해도 사회보장권리를 보장하는' 등의 내용이다.[9]

---

[8] Deidre Rath,「Digitalisierung: Siemens steckt 100 Mio. in Weiterbildung」, 2019.2.6

[9] 이승윤,「플랫폼노동 논의와 실태, 정책과제 모색 토론」, 한국노동사회연구소, 144차 노동포럼, 2019.12.18, 참고: 유럽 사회 보장 권리 규약(https://ec.europa.eu/commission/priorities/deeper-and-fairer-economic-and-)

딜리버리히어로

7

사회적 안전망이 동네가게를 지킨다

처음 베를린에 와서 인식하지 못하다 3달 4달 지나며 품었던 의문 중의 하나가 집 근처의 동네 가게들이었다. 내가 살던 동네는 뤼데스하이머(Rüdesheimer)라는 지하철역 근처이기는 하지만 주거를 중심으로 한 동네여서 유동인구가 많은 거리가 아니다. 실제로 평소에 거리를 지나다 보면 가게는 늘 한산해 보이고 마트나 가야 사람들을 많이 보게 되곤 했다. 물론 아침에는 빵 가게에 빵 사러 나온 사람들로 북적이긴 하지만. 가게 앞에는 날 좋을 때 아니면 그 가게에 사람이 있는지 없는지 알기도 어려울 만큼 조용하고 한산해 보이는 데, 가게에 들어서고 나면 전혀 다른 분위기다. 점심 전후의 카페에는 브런치를 즐기러 온 사람들이 가득이고, 저녁에도 문을 열고 들어서면 빈 자리가 거의 없을 정도로 사람들이 들어 차 있다.

인상적인 것은 많은 테이블이 가족 단위이거나 노인들이고, 특히 노인들은 저녁식사를 마치고 일어서는 것이 아니라 그 자리에 앉아 카드놀이를 즐기곤 한다. 우리로 치면 마치 경로당에 모여 고스톱을 치는 모습이랄까? 그렇다고 서빙하는 사람들이 노인들을 홀대하지 않는다. 식사하고 나서 와인이나 맥주 한 잔 시켜놓고 카드놀이를 하며 밤늦도록 시간을 보내다 가는 것이지만 눈치 주는 사람도 없다는 것이 인상적이었다.

그런데 이런 가게들이 대개 100년씩 된 곳들이었다. 자주 가던 독일 식당도 100년 된 곳이었지만 살던 동네에는 향수 가게도 80년이 넘었고, 약국도 100년이 넘은 약국이 있었다. 독일도 요즈음에는 프랜차이즈형 빵 가게들이 많이 들어섰지만 내가 살던 동네에는 100년 된 빵 가게도 있었다. 자신들은 여전히 마이스터가 기계가 아닌 빵을 굽는다며 플래카드를 걸고 있는데, 아침이면 이 가게에서 빵을 사려는 동네 남자들로 긴 줄이 늘어서 있다. 125년 되었다는 장례용품 가게도 있었는데, 공동 묘지가 동네 가운데에 있는 것을 생각하면 자연스런 모습이기도 했다. 여하간 동네를 걷다 보면 툭하면 100년 된 건물과 가게들이 눈앞에 보이곤 했다.

뤼데스하이머 인근 동네카페

그래서 늘 궁금했던 것의 하나가 어째 100년이 되도록 망하지 않고 유지되었을까? 하는 것이었다. 베를린에 다녀온 몇 개월 사이에 우리 집 앞의 가게들은 얼핏 눈에 보이는 것만 3-4개가 없어지고 다른 가게가 생겼던데 말이다.

100년 가게들의 생존도 궁금했지만 앞에 말한 것처럼 가게의 주요 고객이 노인들이고 그 노인들이 자리에 한 번 앉으면 잘 일어서지 않는 데 그걸 자연스레 여기는 것도 궁금했다. 왜 그런가를 물어보면 오래 그곳에 살던 사람들은 특별히 그런 모습을 이상하게 여기지 않아서 '원래 그렇다'는 식의 대답이 돌아오곤 했다.

독일도 우리와 마찬가지로 고령화는 심각한 문제다. 독일의 국가 발전 전략인 하이테크전략에는 고령화에 대한 국가적 대응의 중요성에 대해 인식하고 대책을 마련하는 것이 중요의제로 되어 있다. 특히 노인 인구가 많아지면서 '노인 건강'은 새로운 의료 문제라는 점도 분명히 하고 있다. 마치 우리가 '치매'를 국가적 의제로 하여 문재인정부에서 치매를 중요한 사회문제로 보고 있는 것과 유사하다고 할 수 있다.

베를린 시내를 관광하다 박물관과 미술관, 공연장 등에 가보면 어김없이 독일 노인들이 단체로 관람을 온 경우를 보게 된다. 고흐나 마네의 그림 앞에 모여 앉아 가이드의 설명을 들으며 미술관 투어를 하는 노인들을 보는 것도 일상적이거니와 브레히트의 연극을 보러 베를린앙상블에 가도, 바빌론 극장이든 국립극장이든 어디를 가도 노인들이 공연장의 주요 고객임을 알 수 있다. 나이 들어 여러 모습으로 문화를 향유하는 독일 노인들의 모습은 인상적이었다. 어떻게 이런 모습이 가능할까? 사실 답은 간명하고 그 사람들에게는 그저 그런 일상이기도 하다. 동네가게들이 자리를 차지하고 앉아 놀이를 즐기는 노인들을 홀대하지 않는 것이나 각종 문화생활을 향유하는 노인들을 쉽게 마주치는 것은 그런 노인들이 소비할 여력이 있는 사람들이기 때문이다. 동네 가게의 주된 고객 중의 한 그룹이 그 노인들이기 때문에 홀대할 수 없는 것이다. 그 노인들의 주요 소득은 이미 짐작하듯이 연금이다. 우리처럼 적은 노인수당으로 주어지는 것이 아니라 우리의 국민연금같은 연금제도가 바이마르공화국 시절부터 만들어져 상대적으로 여유 있게 주어진다고 봐야 할 것이다. 또한 대개 그 노인들은 동네의 사회주택에 산다. 동네 곳곳에는 '시니어를 위한 사회주택'이 민간회사의 이름으로 혹은 여러 협동조합의 이름으로 운영되고 있다는 표지판을 보는 것은 낯선 풍경이 아니다. 그러므로 낮은 주거비와 안정적인 연금이 있는 노인들이 중요한 소비주체로서 동네 가게를 유지하게 만드는 것이다.

그러나 독일도 고령화 사회가 되고, 저금리가 지속되는 세계경제가 연금이 주는 안정성이 많이 흔들리고 있기도 하다. 어느 나라든 기대수명이 지금처럼 늘어날 것이라 예측하지 못했기 때문에 과거에 설계된 각종 사회체제가 불안정해진 것은 공통적이다. 그럼에도 상대적으로 안정적인 사회복지체제가 개인의 삶과 공동체의 관계들을 풍요롭게 하는 것은 분명해 보인다. 모든 나라가 연금제도의 개혁을 생각하는 것은 애초 설계했던 당시의 조건들과 지금은 다르기 때문이다. 복지국가 체제의 사회안전망 체제를 넘어 디지털 시대에는 '기본소득'을 검토해야 한다는 주장들도 나오고 있을 만큼 기존 시스템도 도전을 받고 있지만 안정적인 소득이 공동체의 유지와 개인의 삶의 존엄을 유지하게 하는 중요한 요소임은 분명하다. 그런 점에서 동네 가게가 잘 망하지 않는 이유이기도 한 노인수당이나 국민연금같은 안정적인 소득을 주게 되는 사회안전망의 의미를 새삼 중요하게 여겨야 한다.

8

모빌리티 서비스 혁신에 도전하자

베를린에서 했던 생활의 일상적인 경험들 중에서 우리 경제의 미래와도 연결되는 일들이 적지 않았다. 그 중에 하나가 공유차와 관련된 것이다. 우리는 지금 '타다' 서비스로 큰 논란이 되고 있지만 베를린의 경험은 '타다' 이상의 것이었다. '타다'는 우리가 흔히 아는 공유차 서비스와는 다르다. 공유차 서비스는 쏘카의 경우가 가깝고 타다는 이동서비스 중에서 택시의 서비스를 혁신한 것이라고 보아야 한다. 택시 같은 이동서비스를 택시라는 제도 안에서 하지 않고 렌트카 서비스의 의미를 확대해석해 서비스를 제공했고, 이것이 소비자들의 욕구에 부합하면서 주목을 받은 것이다. 이동서비스를 혁신한 것은 분명하지만 공유경제의 아이콘처럼 평가하는 것도 과장으로 보인다.

그러나 이 논쟁과 다툼의 결말이 새로운 법률로 타다를 금지하는 것으로 결론이 나서 이동서비스 시장의 혁신은 이제 다른 경로로 만들어져야 하게 되었다. 기존 택시 시장이 타다 같은 서비스를 도입하기에는 어렵다. 운전하는 기사 보다 사업자를 보호하게 되어 잇는 각종 보조금과 현재의 사납금 구조 등이 근본적으로 변화를 가로막고 있기 때문이다.

베를린에서 주로 이용한 이동교통수단은 버스와 지하철, 전철, 트램이었다. 서울도 대중교통체계가 잘 정비된 도시이고 장애인 등 소수자들의 이동서비스 측면에서의 여전한 아쉬움을 제외하면 세계 어느 도시에 견주어도 뒤지지 않지만 베를린도 그에 못지 않은 편리함을 갖고 있다. 자동차를 소유하지 않고도 불편한 지 모르고 지낼 수 있었다. 간혹 짐을 가지고 이동해야 하거나 조금 먼 거리를 가야 하거나 도시간 이동을 해야 하거나 공항을 오갈 때는 아무래도 자동차가 더 편리했는데, 이럴 때 그 간극을 메워 준 것이 베를린의 공유차들이었다.

베를린에는 공유차 서비스를 제공하는 회사들이 여럿 있는데, 그 중 대표적인 카투고(Car2Go)와 드라이브나우(DriveNow)를 이용하기로

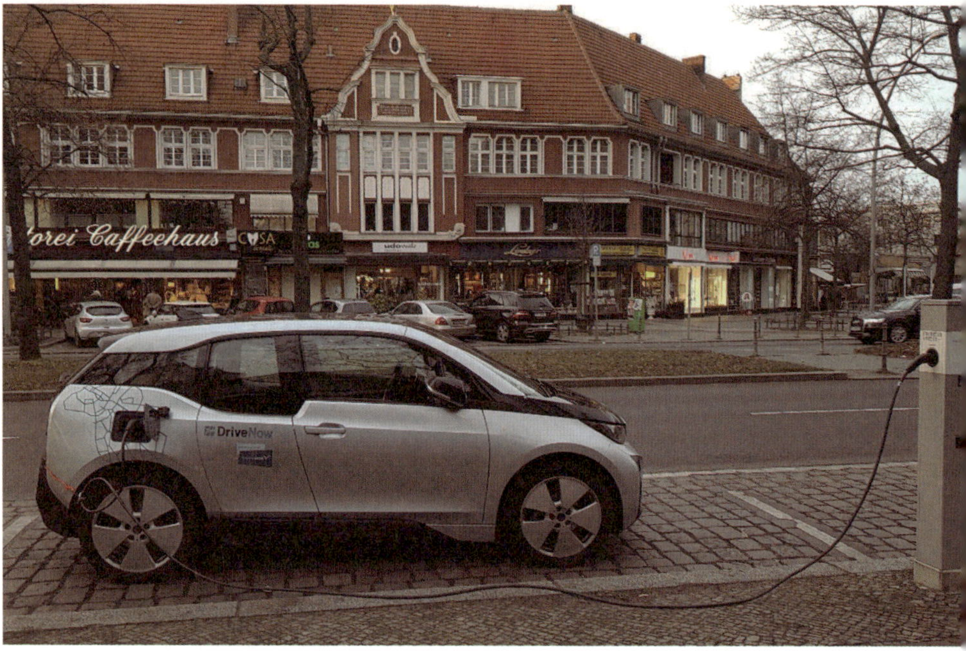
Caffeehaus
DriveNow

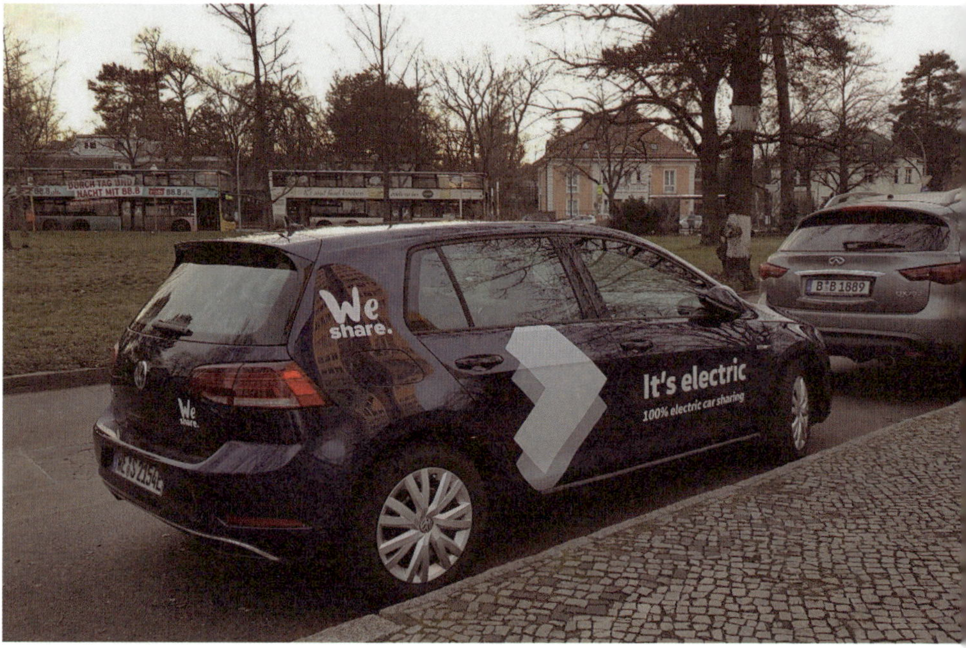
We share.
It's electric
100% electric car sharing

베를린 시내의 공유차들

하고 앱을 설치하고 가입했다. 가입하는 과정에서 승인받는 데 꽤 시간이 걸렸다. 다른 이유보다 소지하고 있던 한국운전면허증이 깨져 있었는데, 손상된 운전면허증에 대한 확신이 없었는지 담당자와 이메일을 여러 번 주고받은 끝에 두 서비스에 다 가입이 되었다.

몇 가지 점에서 이 이동서비스는 참 편리했는데, 우선 작은 차가 많다는 것이었다. 특히 2인용 스마트카는 익숙하지 않은 베를린 거리에서 쉽게 주차할 수 있는 편리함이 있고, 짧은 거리를 가는 데 아주 유용했다. 또 서울의 경우와 다르게 베를린은 거리주차가 가능하고, 시내 중심가가 아니면 대개 무료주차가 가능해서 어디서든 공유차 서비스에 대한 접근성이 좋고 집 근처 아무 곳이나 주차가 가능한 곳에 가져다 놓으면 되기 때문에 손쉬운 편도 이용이 가능한 것도 좋은 점이었다. 다양한 종류의 자동차를 이용해 보는 즐거움은 덤이다.

각기 한 두 번 이용했을 때쯤 각각의 회사로부터 이메일을 받았는데, 내가 이용하는 두 회사가 50:50으로 합병을 해서 쉐어나우(ShareNow)라는 새로운 회사를 설립했다는 것이었다. 그런데 두 회사는 독일의 가장 큰 자동차 회사들인 벤츠와 BMW가 설립한 회사라는 것을 처음 알게 되었다. 아니 그제야 알게 된 것이다. 설마 두 대기업이 공유차 서비스를 제공하리라 미처 생각하지 못한 탓이었다. 그러면 왜 이 두 회사는 적자투성이의 공유차 서비스를 제공하는 회사를 운영하고 있었을까? 궁금하지 않을 수 없어 자료를 찾아보니 유수의 자동차 회사들이 이미 자신들의 기업목표를 자동차 제조사가 아닌 모빌리티 서비스를 제공하는 회사로 바꾸어 놓고 있다는 것을 알게 되었다. 이동서비스 시장에 큰 변화가 일어나고 있는 것이다.

일본의 도요타도 마찬가지고 우리의 현대자동차도 마찬가지이다. 일본의 도요타는 우버에 투자함으로써(아마도 손정의 회장이 우버에 투자하고

있으니까 일본시장에서는 다른 공유차 서비스 보다 우버에 투자하는
것으로 결정하지 않았을까 싶다.) 공유차 서비스에 접근하고 있고, 현대는
국내에서는 하기 어려우니까 동남아 공유차 서비스인 그랩에 투자하고
있다. 베를린도 우버가 있기는 하지만 우버 보다는 두 회사의 공유차
서비스를 더 자주 사용하게 되었다.

굴지의 대기업들이 공유차 서비스 시장에 뛰어들고 투자하는 것은
앞으로의 모빌리티 시장의 변화가 자동차 소유 중심에서 다양한
이동서비스의 '이용'으로 이동할 것이라고 보기 때문이다. 거기에 더해
이동시장은 자율주행차를 중심으로 변화해 갈 것이라고 보고 이동에 관한
빅데이터를 모으기 위해 움직이고 있는 것이다. 그에 관한 한 점점 우버에
대항하기 어려워질 것이라고 보고 공유차 서비스 시장에 뛰어 든 것이다.
베를린을 떠나오고 나서 내 스마트폰에 설치되어 있던 독일의 택시앱,
마이택시(Mytaxi)는 프리나우(FreeNow)라는 이름의 앱으로 바뀌었다.
BMW가 독일의 택시시장까지 진출한 것이다. BMW는 네비게이션
서비스, 주차 서비스까지 이동에 관한 모든 서비스를 제공하려 하고 있다.
전방위적으로 관련 빅데이터를 모으고 있는 셈이다.

베를린은 이동에 관한 한 자전거의 도시이기도 하다. 집집마다 자전거는
한대가 여러 대가 있다. 전기자전거, 전동 킥보드 등 다양한 이동수단을
보는 것은 일상적이다. 에너지 스타트업들이 입주해 있는 캠퍼스
오이레프는 다양한 이동수단들이 테스트되고 있는 공간이기도 하다.
베를린은 지금 공유차 서비스를 중심으로 모빌리티, 이동수단의 변화라는
과정에서 혁신적인 실험공간이 되어 주고 있는 도시이다.

타다가 혁신인가 아닌가, 타다 노동자들의 대우가 좋은가 나쁜가?
불법인가? 합법인가? 하는 가운데 정작 중요한 모빌리티, 이동서비스
시장의 변화를 간과하여 혁신의 기회를 놓치고 있지 않은지 돌아봐야 한다.

9

서울을 스타트업 하기 좋은 도시로

동베를린 시절 양조장이었던 건물은 베를린의 미래를 만들어 가는 '공장'으로 변했다. 팩토리베를린은 민간이 운영하는 스타트업 창업지원센터이다. 그 내부가 궁금해서 지인의 도움을 받아 방문할 기회를 가졌다. 익히 보았던 창업지원센터의 모습과 크게 다르지 않았다. 스타트업들이 입주해 있는 공간답게 내부의 쓰레기 배출을 줄이는 시스템과 분리수거하는 시스템, 유기농으로 제공되는 식당과 회의공간과 놀이공간 등 공간의 구성과 운영방식도 큰 차이를 느끼기 어려웠다. 차라리 서울의 민간이 운영하는 스타트업 창업지원센터인 성수동의 헤이그라운드가 더 잘 만들어져 있는 것은 아닐까 하는 생각도 들 정도로 소박함도 있는 공간이었다.

그런데 베를린은 전체 유럽에서도 주목받는 스타트업 하기 좋은 도시다. 스타트업 하기 좋은 도시의 상위권에는 늘 실리콘밸리와 뉴욕, 런던이 차지하고 있지만 최근에는 베를린이 급속히 주목받고 있다. 오래된 공간이 갖는 매력에 더해 문화와 예술이 만드는 베를린의 힙한 분위기와 함께 세계 각지에서 몰려드는 디자이너, 개발자, 예술가들의 만남이 자유롭게 이루어지면서 창의적인 분위기의 도시가 만들어지고 있기 때문이다. 거기에 더해 실리콘밸리에 비해 현저히 낮은 물가와 싼 임대료는 계속해서 세계 각지에서 베를린으로 향하게 한다. 실제로 베를린의 이민자 창업비율은 40%가 넘어서 실리콘밸리와 큰 차이가 없을 정도로 개방적인 분위기다. 베를린의 스타트업이 고용하고 있는 인구는 10만명에 이르고, 2017년의 투자유치 규모도 30억유로에 이를 정도로 성장을 거듭하고 있다.[10]

팩토리베를린

〈표6〉에서 보는 것처럼 베를린은 최근 스타트업 하기 좋은 도시 10위권 내에 포진하고 있다. 서울은 여전히 이런 도시들에 도전하는 위치에 놓여 있는 것으로 평가된다. 창업을 하는 데 소요되는 기간이 일주일 정도로 실리콘밸리와 큰 차이 없고, 초기투자 유치자금이 실리콘밸리에 이어 2위에 이를 정도로 투자환경도 좋아지고 있고, 상대적으로 성, 인종, 국적 등으로 인한 차별이 적고, 문화적으로도 창의적인 분위기가 있어서 역동적인 도시 환경이 만들어지고 있다는 점이 베를린을 스타트업 하기에 매력적인 도시로 만들고 있다. 팩토리베를린을 안내해 준 Stiftung Entrepreneurship의 Simon은(재단 사무국장쯤 된다. 이 친구는 카카오톡도 자신의 메신저로 쓰고 있었다) 자신들의 재단이 팩토리베를린에 입주해 있는 스타트업들의 온라인 생태계를 구축해 상호간 정보를 교환하도록 돕고, 스타트업에 도전하는 사람들을 위한 교육과정운영, 각종 투자정보제공과 창업지원, 스타트업을 위한 각종 경진대회 등을 통해 지원하고 있다고 한다. 스타트업 생태계가 자리잡을 수 있도록 돕는 사회적 시스템들이나 환경이 우리 보다 상대적으로 촘촘히 있다는 것을 볼 수 있었다.

서울은 시가 지원하는 AI 중심의 스타트업 지원 센터가 양재동에 자리잡고 있지만 왠지 고립된 공간에 놓여 있는 느낌이다. 도시의 문화와 역사와 긴밀히 연결된 공간에 자리잡고 그 도시의 역동성이 고립된 지역이 아니라 도시 전체로 확산되도록 해주는 방법은 없을 지 생각해 보게 된다. 과감하게 시내 중심가에 둔다든가 아니면 각종 이동수단을 테스트해 보고 전기차 충전소 운영 등 신재생에너지 스타트업들의 테스트 공간인 캠퍼스 오이레프처럼 특정한 공간을 전략적으로 스타트업을 위한 안정적인 공간으로 제공하는 것도 적극적으로 고려할 만하다.

[10] 대한무역투자진흥공사(KOTRA) 해외시장뉴스, 〈유럽의 스타트업 허브 베를린, 어디까지 왔나?〉, 2018.9.1

<표6> 글로벌 스타트업 생태계 순위

	Ranking	Change from 2017	
Silicon Valley	1		0
New York City	2		0
London	3-4		0
Beijing		▲	1
Boston	5		0
Tei Aviv	6-7		0
Los Angeles		▲	3
Shanghai	8		0
Paris	9	▲	2
Berlin	10	▼	-3
Stockholm	11	▲	3
Seattle	12	▼	-2
Toronto-Waterloo	13	▲	3
Singapore	14	▼	-2
Amsterdam-StatupDelta	15	▲	4
Austin	16	▼	-3
Chicago	17	▲	1
Banglaore	18	▲	2
Washington, D.C	19		NEW
San Diego	20		NEW
Denver-Boulder	21		NEW
Lausanne-Bern-Geneva	22		NEW
Sydney	23	▼	-6
Vancouver	24	▼	-9
Hong Kong	25		NEW
26-27 in alphabetical order			
Atlanta	26-30		NEW
Barcelona			NEW
Dublin			NEW
Miami			NEW
Munich			NEW

Startup Genome, 〈Global Startup Ecosystem Report 2019〉, 2019.5.13

10

도시텃밭이 있는 자연친화적 도시

서울 동대문과 세운상가, 을지로 등에는 오래된 건물들이 있다. 건물에 들어서는 순간, 마치 70년대 경제개발 5개년 계획으로 새벽종이 울릴 때 일어나 새 나라를 만들어야 한다는 국가목표 아래 모두가 밤늦도록 일하던 곳이라는 것을 말해 주지 않아도 알 것 같은 공간이다. 더구나 이제는 쇠락해 버린 그 시절의 신발 공장이나 봉제 공장, 인쇄 공장들의 흔적이 무언가 세월에 뒤처진 공간이라는 말을 해주는 것 같기도 하다. 그래도 그 공간에는 여전히 사람이 산다. 신발이며 옷가지며 등속을 파는 가게들이 여전하고, 낡은 건물 안에 사무실 공간이며 주거공간이 낯선 사람들의 방문을 그리 환영하지 않는 것처럼 조금은 어둡게 보인다. 어쩌면 이미 우리에겐 낯선 공간이 되어버려서 그리 느끼는 것인지 모른다.

그리고 이런 공간에는 버려진 옥상들이 있다. 언제부턴가 버려진 듯한 이 공간을 사용하는 사람들이 생겨났다. 스스로 이 공간을 낙원이라 부르며 만들어 가는 사람들이 있다. 이곳을 스스로 동대문 옥상 낙원 DRP(Dongdaemoon Rooftop Paradise)라고 부른다. 세계적인 건축가 자하드가 만든 동대문디자인플라자(Dongdaemoon Design Plaza) DDP를 패러디한 것이다. 이왕 견주는 것 까짓것 세계적인 건축가의 작품으로 만들어진 공간과 견주어 보자는 패기가 잔뜩 느껴지는 이름이다. 그런 패기는 사회적으로도 인정받아서 DRP는 공공 디자인 대상을 받기도 했다.

이 공간은 쓰레기만 잔뜩 버려진 공간이었던 곳이 풀과 채소와 벌과 차와 이야기가 있는 공간으로 바뀌었다. 여러 문화 기획자와 청년들이 이곳을 통해 이야기를 나누기도 하고, 페이스북을 통해 세계의 옥상들과 대화를 시도해 보기도 한다. 버려진 공간에서 청년들이 꿈을 꾸고 만들어 가면서 그 공간은 더 이상 버려진 공간이 아니게 된다. 도시의 버려진 공간이 도시 텃밭 같은 녹색의 공간으로 변화할 수 있음을 보여주고 있는 것이다. 옥상은 아니지만, 베를린 크로이츠베르그 모리츠플라츠 구역에 오랫동안 버려진 자투리 땅이 하나 있었다. 이곳은 지금은 커뮤니티 가든이라고 부르는 도시 정원이 되어 마을 주민들과 시민단체 사람들이 어울려 농사도 짓고, 모임도 하고, 카페도 있어서 차와 식사도 하는 공간이고 여기서 농사지어 나온 것들을 주변에 팔기도 한다. 꼭 농사짓는 사람들만 있는 것은 아니고 여러 가지 다양한 활동을 기획하는 사람들도 있다는 것을 쉬이 알 수 있다. 이곳도 처음부터 이렇지는 않았다. 애초에는 버려진 공간이어서 마약 중독자들이 모여들고, 쓰레기들이 쌓여가던 차에 비영리단체인 노마딕 그린(Nomadisch Grün)이 2009년 마을 정원으로 기획하게 된다.[11]

시작은 1년 임대계약으로 되었지만, 이 과정에 주민들도 함께 참여하면서 이 공간은 베를린 시내에서 많이 볼 수 있는 도시정원 중에서 모두에게 열려있는 도시 정원이 되었다. 당시 퇴비 회사들도 무료로 퇴비를 제공해주고 원예사도 원예 장비를 무상으로 제공하는 등으로 참여했다고 한다. 이렇게 해서 임대 기간을 늘려가던 공주 정원은 2012년 도심 개발 계획에 따라 판매될 위기에 놓이자 3만 명의 지지자들이 모여 시위를 하면서 이 공간을 유지할 것을 요구하여 계약이 연장되어 오늘에 이르고 있다고 한다.

이곳에서 재배된 야채들은 주변에 팔리기도 하고 내부의 카페에서 재료로 사용하기도 한다. 우리가 찾아간 시간이 점심이 조금 지난 시간대여서 그랬는지 음식을 위한 재료가 모자랄 수도 있다고 하고, 실제 6인분 중 3인분은 애초 재료대로 다 나왔지만, 나머지 3인분은 한 가지 재료가(아마 호박이었던 것 같은데…) 빠진 채 나왔다. 준비된 재료만큼만 만들어 파는 셈이었다.

베를린에는 이같은 커뮤니티 가든 형태의 도시정원겸 텃밭 뿐 아니라 곳곳에 소규모 텃밭들이 많이 있다. 이미 녹지가 작지 않은 도시임에도 이런 텃밭들이 시내 곳곳에 있어서 도시 자체가 자연친화적인 도시로

공주의 정원

성장하게 된다. 베를린의 이런 도시텃밭들은 클라인가르텐이라 불리는 소정원들로 독일 도시농업의 전형적인 모습이기도 하다. 슈레버 가든이라 부르기도 하는데, 1860년대 슈레버 박사가 아이들의 건강증진을 위한 텃밭을 만드는 운동을 하면서 본격화되었기 때문이기도 하다. 애초에는 소규모 경작이 중요한 기능이었으나 지금은 도시의 중요한 생태공원이 되었고, 가족들이 여가시간을 보내는 휴식공간이 되었다.

〈표7〉 2012년 말-2013년 초 독일의 소정원(슈레버) 현황

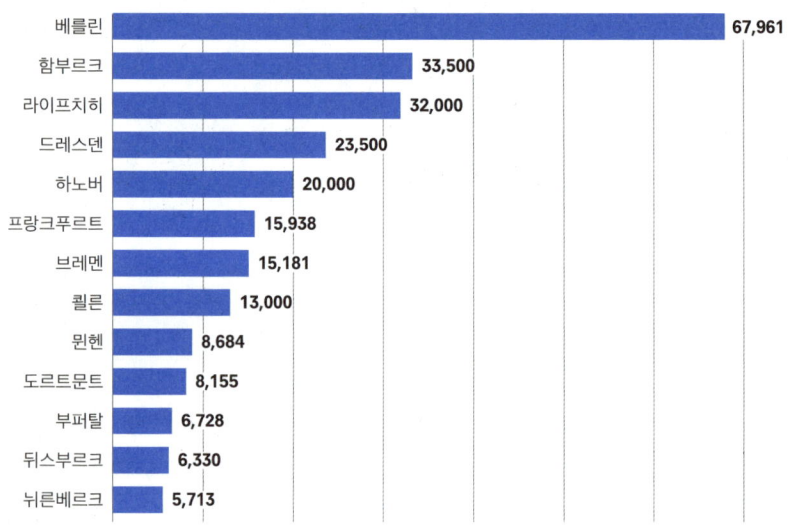

박유미, 〈독일의 지속가능한 도시농업〉, 한국농촌경제연구원, 세계농업(191), 2016

자연스레 서울이나 수도권 도시들의 상태를 짚어 보게 된다. 다행스럽게 우리는 산이 많은 나라라 도시 주변에 산이 있어 기본적인 녹지공간을 확보하고 있지만 이렇게 도시 곳곳에 녹지가 있다면 미세먼지 걱정도 그만큼 덜게 된다. 새삼스럽게 공간을 없애고 녹지를 설치하기가 쉽지는 않다. 다행히 용산 미군 기지가 남아 있어 도심 공원으로 만든다면 그만큼 지속 가능한 도시를 만드는 데 도움이 되리라 생각한다.

공간 자체가 부족한 도시에서 비어 있는 공간을 활용하기 위한 노력들이 적지 않다. 동대문 옥상낙원도 유휴 공간이라고 할 수 있는 도심빌딩의 옥상에 텃밭을 만들어 소통과 교류의 공간으로 이용하는 경우이다. 지금까지 도심의 빌딩 옥상을 개방한다는 생각을 하지는 못했다면 동대문 옥상낙원은 그게 가능하다는 것을 보여준 사례일 수도 있다. 태양광 집전판을 놓기 위한 공간으로 종종 옥상을 개방하는 경우도 생겨나고 있지만, 옥상을 도심의 빈 공간이라는 생각을 하게 만든 것이 또 하나의 혁신이기도 하다. 도시텃밭의 역사가 긴 독일에도 옥상정원이 있다. 주차장 건물 옥상을 개조한 크롱커크라니히(klugkerkanich)가 그것이다.

그 공간이 옥상이든 버려진 땅이든 도시에 녹색의 공간을 만드는 것은 시민들에게 쉼과 휴식의 공간을 제공해 주는 것 뿐 아니라 미세먼지 대신 산소를 공급해 주는 것이기도 하다. 서울을 걷는 도시로 만드는 것과 함께 녹색의 공간을 확장하는 것이야말로 미세먼지를 줄이는 길이기도 하다. 이처럼 도시텃밭은 농업으로서의 기능뿐 아니라 생태적 기능과 역할이라는 측면에서도 도시의 중요한 부분이라는 것을 새삼 확인한다.

한편 도시의 녹색 공간은 전 세계적인 저성장 국면에서 새로운 성장 동력이 될 거라는 기대감 또한 높아지고 있다. 미국 민주당에서 유력 대선후보로 꼽히는 버니 샌더스, 엘리자베스 워런 미 상원의원 등은 최근 대통령 선거 공약으로 '그린뉴딜'을 내놨다. 2050년까지 탄소 순배출 제로, 일자리 2000만개 창출을 골자로 한 정책이다.

이 '그린뉴딜'을 도시 차원에서 추진하고 있는 케이스도 있다. 기존에 잘 알려진 '태양의 도시' 프라이부르크나 '생태도시' 브라질 쿠리치바와 함께 최근에는 미국 뉴욕시가 '그린뉴딜' 모범 사례로 떠오르고 있다.

뉴욕시의 기후활성화법은 2050년까지 관내 온실가스 배출의 대부분을 차지하는 중대형 빌딩 배출 온실가스를 80% 감축시키기 위해 수립된 법적 규제다. 온실가스 배출에 대한 규제뿐만 아니라 온실가스 저감을 위한 평가시스템 및 재정혜택 구축 등을 지원하는 내용까지 포함하고 있다. 기후변화 대응과 사회·경제적 필요성 제기 등으로 '그린뉴딜'이 추진되고 있는 사례다.[12]

이처럼 국제사회는 도시 환경과 경제를 모두 살릴 수 있는 정책을 고민하고 있다. 우리도 도전을 시작해야 할 때다.

---

[11] naomee, 〈베를린의 도시 텃밭 '공주의 정원'〉(https://brunch.co.kr/@littlenothing/6), 2017.12.10

[12] 리더스경제, 〈기후변화·뉴노멀 국면에서 전 세계 주목받는 '그린뉴딜'〉(http://mleaders.asiae.co.kr/news/articleView.html?idxno=139231), 2020.1.2

11

관료주의에 대한 도전, 공공 서비스를 제공하는 다른 방법

2019년 12월 미국의 항소법원은 미국민전체의 의료보험 의무가입 제도인 오바마케어를 위헌이라고 판결했다. 2010년 오바마 정부시절 입법해서 전국민 의료보험 제도를 도입하려는 미국 민주당의 정책이 법원에 의해 이를 폐지하려는 트럼프 행정부에 힘을 실어주는 모습이 되었다. 야심찬 오바마 행정부의 정책이었던 미국의 전국민의료보험제도는 그 앞날이 불투명해졌다.

이 오바마케어를 제공하는 과정에서 흥미로운 프로젝트를 발견했다. 2013년 오바마 정부가 공공서비스로 인터넷에 의료보험과 관련한 서비스를 개설하는데, 오랜 기간과 예산을 들여 만들었음에도 불구하고 수많은 오류로 사이트가 작동하지 않게 되었다. 오바마의 야심찬 프로젝트는 상처를 입었고, 한달의 수리 기간을 거쳐 겨우 오픈할 수 있었다. 이 때의 사고가 오바마에게는 큰 상처였고, 공공서비스의 혁신이라는 것이 기존 관료시스템으로는 불가능에 가깝다고 생각하고 다른 혁신적인 방안을 강구하기로 한다. 오바마 대통령은 비밀리에 구글과 페이스북의 톱기술자들을 백악관으로 불러 정부의 공공서비스를 혁신할 것을 그들의 과제로 요청한다. 그 기술자들의 스토리도 흥미롭지만 정부의 공공서비스를 혁신하는데 IT개발자와 기술자들에게 임무를 맡기는 발상 자체가 혁신적이지 않을 수 없다.

이들이 활동하는 팀의 이름은 '18F'이다. 워싱턴 18번가와 F스트리트에 사무실이 있어서 붙여진 이름이다. 2014년 구성되어 최근까지 약 50건의 프로젝트를 해결했거나 다루고 있다. 트럼프 행정부 들어와서 규모가 절반 정도로 축소되기는 했으나 어떤 민간 기관들 보다 효율적인 성과를 내고 있다고 알려져 있다. 눈여겨 볼 것이 두가지 더 있는 데, 하나는 이들은 미 재무성의 예산으로 움직이기는 하지만 서비스를 개발해 줌으로써 수혜를 입는 기관이 내는 서비스비용이 수입이 되어 재정이 충당되고 있다는 점이다. 일종의 공공벤처라고 할까? 다른 하나는 이기관이 사용하는 방법인데, 흔히 애자일 방법론(agile acquisition)이라 부르는 것인데, IT개발자들이 여러 관계자들과 협력하여 소프트웨어를 개발하는 방법론이기도 하다. '계획에 맞춰 개발하는 방식과 달리 일정 주기로 끊임없이 프로토타입을 만들어 그때 그때 필요한 요구를 반영하여 개발하는 적응형(adaptive style) 개발방식'이라고도 하는 데, 미국 정부의 디지털 서비스 개발전략에도 기본 방법으로 할 것을 주문하고 있다.[13]

이렇게 하면 공공서비스를 이용하는 관계자들과 처음부터 사이트를 함께 구축해 가는 과정을 설계하게 되기 때문이다. 관료들이 공급자마인드로 설계하여 사이트와 앱을 잘 만들었다고 사용할 것을 홍보하는 것은 낯선 풍경이 아니다. 그러나 대개 이렇게 만들어진 사이트와 앱은 사용빈도가 떨어져 무용지물이 되는 경우가 많다는 것도 낯선 풍경이 아니다. 이런 사이트나 앱에 쏟아붓는 예산이 적지 않을 것이라는 생각은 공직생활을 하는 동안 갖고 있던 문제의식이기도 했다.

오바마의 18F 프로젝트는 관심을 갖게 만들었고, 무엇보다 정부의 공공서비스를 혁신하는데, IT개발자들이 나서는 방식이라는 점에서 인상적이었다. 아쉽게도 본격적으로 시도해 보지 못했지만 정부나 지방자치단체가 공공서비스를 혁신하는데 있어서 이런 공공벤처를 만들어 서비스를 공급하는 것은 늘 시도해 보고 싶은 것이었다.

시민들에게 공공서비스를 제공하는 관료들이 기술과 정보를 독점하고 있으면서 시민들에 대한 우월적 지위를 내려 놓지 않은 한 오바마의 헬스케어 사이트의 실패가 보여주는 사례들은 오바마 정부만의 예는 아니다. 최고의 기술진들이 서비스를 만드는 과정을 관계자들의 참여가 가능하게 설계하는 순간 비용의 절감과 서비스 혁신이 일어나고 있는 모습을 목도하게 된다. 여러 나라에서 오픈소스로 서비스를 만드는 법들을 입법하려는 움직임을 보이는 것은 그런 점에서 기존 관료 중심의 서비스

〈표8〉 18F 운영기간 동안 연방 재정기관들의 경비 합계

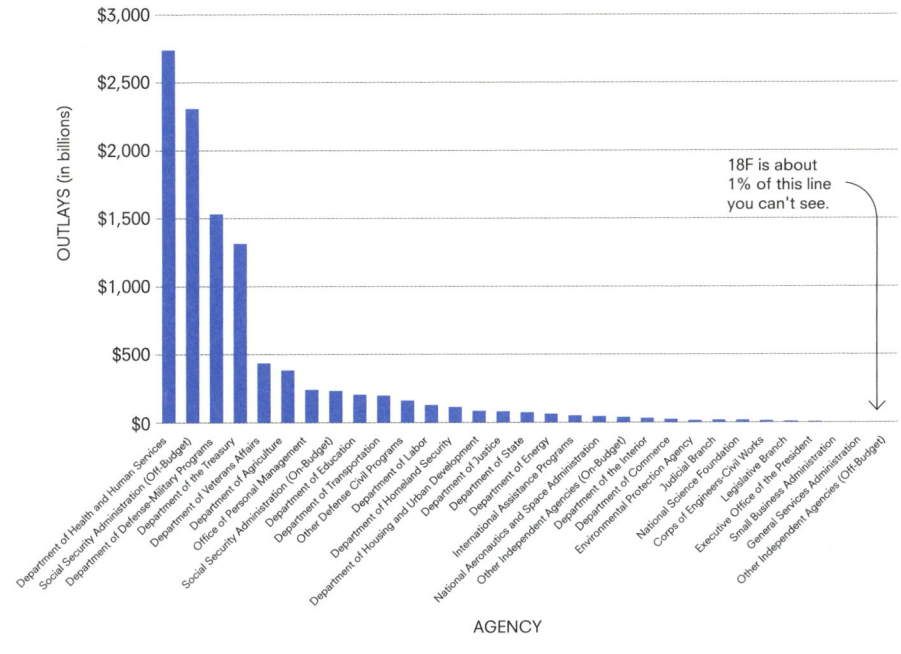

정보통신산업진흥원 이슈리포트, 〈미국(18F)과 영국(GDS) 정부의 디지털 도입방식 벤치마킹〉(48호), 2018.11.26
Tom VanAntwerp, 18F is Hardly a Waste of Money, (https://medium.com/@tvanantwerp/
18f-is-hardly-a-waste-of-money-cf8d5ec7c80c), 2016.11.5

중심체계를 변화시켜 보려는 시도이기도 하다. 언젠가 영국 영화 '나, 다니엘 블레이크'가 요람에서 무덤까지를 꿈꾸는 복지국가가 지독한 관료주의로 공공서비스가 작동하지 않는 모습을 적나라하게 드러내 준 적이 있다. 어느 나라든 관료가 중심이 되어 행정이 펼쳐지는 것이 중심이 되어 있는 현실을 피해가기 어렵다.

그러나 끊임없이 인간의 존엄이 우선이 아니라 관료의 행정이 우위에 있는 현실을 '해킹'하여 바로잡으려는 노력은 시도되어야 하고 그를 통해

사람보다 '행정'이 우위에 있는 현실을 혁신하지 않으면 안된다. 오바마의 새로운 시도는 그런 점에서 신선하다. 우리라고 그런 꿈을 꾸지 말라는 법은 없다. 시도해야 혁신할 수 있다.[14]

---

[13] 한국정보화진흥원, 〈월간 디지털정부 최신 해외정책기술동향〉(8), 2015.11

[14] http://www.madedesignbyme.com/archives/1561

하승창의 타임라인

나의 첫 기억, 가족, 1961

청소년 시절, 1977

대학시절, 1987

경실련 활동의 동력, 1992

가족과의 휴가, 1998

함께하는 시민행동 창립, 1999

함께하는 시민행동 사무처장, 2000

시민방송 RTV 상근이사, 2004

씽크카페 대표, 2011

서울시 청년학교 담임, 2013

서울시 정무부시장, 2016

청와대 사회혁신수석비서관, 2017

방글라데시 로힝야 난민촌 구호활동, 2019

베를린 자유대학교 방문학자, 2019

주요경력

2019	연세대학교 경영대학 객원교수
2018	독일 베를린 자유대학교 방문학자
2017	제19대 대통령 문재인정부 사회혁신수석비서관
2016	서울특별시 정무부시장
2015	아이쿱협동조합지원센터 사외이사
2012	씽크카페 대표
2008	시민사회단체연대회의 운영위원장
2002	CBS라디오 시사자키 오늘과 내일 진행자
1999	함께하는 시민행동 창립, 사무처장
1992	경제정의실천연합 정책실장

하승창의 넥스트 플랜 —
도시의 삶을 바꾸는 11가지 도전

초판 1쇄 발행 2020년 1월 15일

지은이. 하승창
발행. 씽크스마트
디자인. 패브릭(fabric)
교정 교열. 조희정, 한윤선
사진. 하승창 외

ISBN
978-89-6529-224-1(03340)
10,000원

이 도서의 국립중앙도서관
출판예정도서목록(CIP)은
서지정보유통지원시스템 홈페이지
(www.seoji.nl.go.kr)와 국가자료
공동목록시스템(www.nl.go.kr/
kolisnet)에서 이용하실 수 있습니다.
CIP제어번호: CIP2020000583

도서출판 씽크스마트
서울특별시 마포구 토정로 222(신수동)
한국출판콘텐츠센터 401호
전화. 02-323-5609 / 070-8836-8837
팩스. 02-337-5608
메일. kty0651@hanmail.net

도서출판 사이다
사람의 가치를 밝히며 서로가 서로의
삶을 세워주는 세상을 만드는 데 필요한
사람과 사람을 이어주는 다리의 줄임말이며
씽크스마트의 임프린트입니다.

씽크스마트 · 더 큰 세상으로 통하는 길
도서출판 사이다 · 사람과 사람을 이어주는 다리

ⓒ 2020 하승창
이 책에 수록된 도판 및 글, 사진의 저작권은 해당 저자와
작가에게 있습니다. 전체 또는 일부분이라도 사용할 때는
저자의 서면으로 된 동의서가 필요합니다.